이 책은 자녀들에게 전해 주고 싶은 하나님 이야기를 그들이 이해하기 쉬운 언어로 써 보려는 부모의 마음에서 시작되었습니다. 창조주 삼위일체 하나님께서 온 인류를 향해 가졌던 목적을 잊지 않으시고, 지금도 열방 가운데서 일하고 계신 것을 자녀들의 눈높이에서 친절하게 들려주는 책입니다. 자신이 누구이고, 이 땅에서 무엇을 위해 살아야 할지 부모의 말이 아닌 하나님 말씀을 근거로 전해 주고 싶은 부모의 마음이 구석구석 묻어납니다. 이 책을 통해 참 아버지 되신 하나님의 마음을 깊이 알아가게 되리라 확신하며 자녀들에게 이 책을 권합니다.

김현 GBT선교회 대표

청소년기는 호기심이 가득한 시기입니다. 특히 하나님의 자녀들에게는 영적 호기심이 가득합니다. 이 책은 청소년들이 그들의 호기심으로 더욱 하나님을 닮은 매력을 추구하도록 이끌어 줍니다. 자신이 속한 하나님의 이야기를 알게 하고, 하나님의 성품을 추구하게 하고, 살아 계신 하나님을 드러내는 증인의 삶을 촉매할 것입니다. 이 책을 통해서 일상의 선교가 하나님의 자녀로부터 시작되기를 소망합니다.

이재훈 온누리교회 담임목사

다소 진부한 말 같지만, 추천사를 부탁받아 원고를 훑어보는 순간 '오래 기다리던 책이 나왔다'는 생각이 떠올랐습니다. '아브라함과 이삭과 야곱의 하나님'이 그 백성을 초청하신 선교는 남녀노소가 함께 묵상하고 구현해야 할 특권입니다. 그 영광스러운 선교 공동체로 부르심을 탁월하게 담아낸 이 책을 모든 그리스도인에게 강력히 추천합니다.

정민영 전 국제위클리프 부대표

『하나님 자녀들의 선교』 출간 소식을 들었을 때, 가슴이 뛰었습니다. 평신도와 여성이 주축이 되어 그들의 자녀를 위해 책을 썼다는 점에 놀랐기 때문입니다. 이 책의 원작인 크리스토퍼 라이트의 『하나님 백성의 선교』는 성경이라는 전통과 선교라는 상황이 만나는 지점에서 선포된 하나님의 말씀을 정리한 책입니다. 이제, 그 말씀이 다시 한국 사회 속의 자녀와 부모 됨이라는 상황을 만나 새로운 이야기를 만들고 있습니다. 이 살아 있는 하나님의 말씀은 아이들 안에서 계속 살아 움직이는 힘으로 예수님을 따라 사는 다양한 삶이 될 것입니다. 그 인생을 통해서 드러나는 온전한 복음은 온 세상을 변화시킬 것이기에, 이 새로운 선교의 풍경을 떠올리기만 해도 마음이 뜨거워집니다. 아이들뿐 아니라 모든 성도에게 이 귀한 하나님의 말씀을 적극 추천합니다. **조샘** 인터서브코리아 대표

최근에 모 교육청에서 초등학생과 청소년 1만여 명을 대상으로 장래 희망을 조사한 결과, 세 명 중 한 명이 꿈이 없다고 답했다 합니다. 이러한 세태 가운데 한국 교회와 부모 세대는 우리의 자녀들에게 어떠한 꿈을 심어 줘야 할지 몰라 중대한 기로에 서 있습니다. 이 책은 십여 년간 다음 세대 담당 사역자로서 가져왔던 저의 목마름을 단번에 해소해 줄 만한 냉수와 같은 책입니다. 저는 이 책을 소년부 제자반 교재로 1년간 먼저 활용해 볼 기회가 있었습니다. 이 기간 동안 아이들의 세계관이 하나님 나라를 위한 꿈으로 바뀌어 가며, 확고한 정체성을 인식하게 되는 것을 보았습니다. 그리고 학교와 학원 등 일상의 장소에서 작은 선교사로 세워지기 시작했습니다.

오늘날 다음 세대에게 가장 필요한 것은 하나님의 꿈입니다. 이 책에는 하나님의 꿈이 담겨 있습니다. 한국 교회 곳곳에서 사용되어 다음 세대를 뜨겁게 일으키는 교재가 되길 기대합니다. **김혜진** 수영로교회 취학영역장 목사

하나님 자녀들의 선교

IVP(InterVarsity Press)는
캠퍼스와 세상 속의 하나님 나라 운동을 지향하는
IVF(InterVarsity Christian Fellowship)의 출판부로
생각하는 그리스도인을 위한 문서 운동을 실천합니다.

The Mission of God's People, Teen edition
ⓒ 2010 by Christopher J. H. Wright
Originally published in English under the title *The Mission of God's People*
by The Zondervan Corporation L.L.C., a subsidiary of HarperCollins Christian Publishing, Inc.
All rights reserved.

This Korean Teen edition is rewritten, condensed, summarized by NamSook Kang, EunJung Pak, JiYoung Sahng and JiSoung Lee, and published by arrangement with HarperCollins Christian Publishing, Inc.
through rMaeng2, Seoul, Republic of Korea.

This Korean edition ⓒ 2023 by Korea InterVarsity Press
156-10 Donggyo-ro, Mapo-gu, Seoul 04031, Republic of Korea.

이 한국어판의 저작권은 알맹2를 통하여
HarperCollins Christian Publishing, Inc.와 독점 계약한 IVP에 있습니다.
신 저작권법에 의하여 한국 내에서 보호받는 저작물이므로
무단 전재와 무단 복제를 금합니다.

온 세상을 품은 청소년을 위한 일상 선교 이야기

하나님 자녀들의 선교

크리스토퍼 라이트 원작
강남숙 ✻ 박은정 ✻ 상지영 ✻ 이지성 고쳐 엮음

ivp

차례

시작하며 • 09
서론 • 13

1장 자신이 속한 이야기를 아는 우리 17
우리가 속해 있는 이야기 • 그 이야기를 아는 우리

2장 창조세계를 돌보는 우리 27
창조세계의 왕?! • 창조세계의 종!? • 하나님의 영광을 위해 • 모든 창조세계를 회복시키는 십자가

3장 복이 되어 복을 전하는 우리 39
선교의 시작, 아브라함으로부터 • 복이란 무엇일까요? • 복이 되어 복을 전하는 교회 • 우리도 아브라함처럼

4장 거룩한 길을 따라가는 우리 49
하나님의 약속을 일깨워 주는 말씀 • 소돔: 우리가 사는 세상을 보여 주는 거울 • 아브라함: 하나님 선교의 시작 • 여호와의 길: 하나님 백성의 모범

5장 구원받은 자녀로 사는 우리 61
구속이란? • 구속의 모델: 출애굽 • 십자가: 구속의 절정 • 구속받은 자녀로 사는 삶

6장 세상에서 하나님을 대표하는 우리 73
과거의 은혜: 하나님의 구원 • 미래의 은혜: 하나님의 선교 • 현재의 은혜: 세상에서 하나님 백성의 책임

7장 다른 사람을 하나님께로 이끄는 우리   85

호기심을 불러일으키는 하나님의 백성 • 하나님께 모여드는 세상 사람들 • 감탄할 만한 매력이 있는 하나님의 백성 • 예배하러 나아오는 세상 사람들 • 인정받는 하나님의 백성

8장 살아 계신 한 분 하나님과 구세주를 아는 우리   97

사도행전에서 일어난 이야기 • 신명기에서 일어난 이야기 • 다른 하나님은 없다 • 다른 구세주는 없다 • 온전한 헌신

9장 살아 계신 하나님을 증거하는 우리   109

두 가지 문제 • 증인으로 부름받은 이스라엘 • 무엇을 증거할까요? • 신약에서 증인들의 역할

10장 좋은 소식을 전하는 우리   119

이스라엘의 역사 안에서 발견한 좋은 소식 • 예수님 안에 있는 좋은 소식 • 오늘 우리에게 임한 복음

11장 보내고 보냄을 받은 우리   129

구원하기 위해 대신 보내심 • 말하기 위해 대신 보내심 • 보내시는 하나님 • 사도들 • 선교사를 보내고 후원하는 교회

12장 말씀대로 일상을 사는 우리   143

하나님과 일상 • 일상 속에 선교적으로 참여하기 • 선교적인 일상의 어려움

13장 찬송하고 기도하는 우리   155

선교적 찬송 • 선교적 기도 • 예수님의 기도, 제자들의 기도

마치며 • 167

일러두기

이 책에 사용한 『아가페쉬운성경』의 저작권은 ㈜아가페출판사에 있으며, ㈜아가페출판사로부터 허락을 받아 사용하였습니다.

시작하며

2019년 10월, 위클리프선교회 소속 선교사님과의 독서 모임 LAMS(Life As Mission School)에서 한 권의 책을 만났습니다. 크리스토퍼 라이트(Christopher J. H. Wright)의 『하나님 백성의 선교』(The Mission of God's People, IVP)라는 책입니다. 1년 넘게 이 책을 함께 읽고 묵상하며 적용하는 동안, 역사를 관통하는 하나님의 위대한 선교 이야기를 담은 성경 말씀을 통해 세상과 대조되는 하나님 백성의 공동체의 삶에 관해 새롭고 폭넓은 시각을 얻을 수 있었습니다.

그러다 독서 모임을 마칠 무렵, 마음속에 새로운 소망이 하나 싹트기 시작했습니다. 그것은 『하나님 백성의 선교』를 자녀와 함께 읽어 보고 싶다는 것이었습니다. 성경에서 말하는 '하나님의 선교'란 무엇인지 자녀에게 들려주고, 하나님의 백성으로 이 땅에서 살아가는 우리 아이들은 어떤 정체성을 가지고 어떻게 살아야 하는지, 열린 대화를 통해 그들의 생각을 듣고 싶었습니다.

　이 책은 이러한 소망을 같이 품은 부모들이 『하나님 백성의 선교』를 아이들이 쉽게 이해할 수 있도록 풀어낸 책입니다.

　이 책은 아이들에게 이렇게 묻습니다.

　창세기부터 요한계시록까지 성경 전체에 걸쳐 기록된 하나님 백성의 선교는 무엇을 말하는 것일까요? 하나님 백성이 존재하는 이유에 대해, 무엇을 해야 하는지에 대해 성경은 어떻게 말하고 있나요?

　이제 우리는 성경을 탐구해 가며 이 책을 읽어 나갈 것입니다. 이 책 가까이에 성경을 펼쳐 놓고 본문에 나오는 성경 구절들을 찾아서 읽어 보길 바랍니다. 아울러 이웃 혹은 친구들과 정기적으로 만나 이 책을 같이 읽고, 각 장 끝에 제시된 질문을 나누면서 함께 배우는 즐거움과 풍성하고 구체적인 적용을 맛보길 기대합니다.

　이 책은 『하나님 백성의 선교』의 총 3부 15장에 걸친 내용 중 14개 장을 아이들의 눈높이에 맞추어 담았습니다. 1부 '우리는 누구이며 무엇을 위해 여기에 있는가'의 내용은 서론과 각 장에 질문으로 포함시켰습니다.

　이 책을 쓰는 데 많은 분이 함께해 주셨습니다. 책의 감수와 교정을 맡아 기쁨으로 수고해 주신 캐나다 위클리프선교회 홍현민, 함귀주 선교사님께 감사드립니다. 두 분의 애정 어린 권유로 이 책이 시작되었고, 어려운 순간마다 이 일의 가치와 목적을 상기할 수 있도록 소중한 조언과 격려로 동행해 주셨습니다. 출판 과정에서 협력해 주신 GBT 선교회 교회동역팀장 최현섭 선교사님과 기도로 함께 글을 써 내

려간 GBT 선교회 대구지부 가족들에게도 고마움을 전합니다. 끝으로 집중해서 책을 쓸 수 있도록 시간을 배려해 주고, 이 책의 첫 독자가 되어 한결같은 믿음과 응원을 보내 주었던 사랑하는 남편과 아이들에게 감사의 마음을 전합니다.

'함께 쓰는' 기쁨을 경험한 네 명의 부모가 보리떡 다섯 개와 물고기 두 마리를 드리는 심정으로 이 책을 세상에 내어놓습니다. 하나님이 복 주셔서 책을 읽은 아이들이 온 세상을 향한 하나님의 사랑을 마음 깊이 느끼고, 매일의 삶 속에서 하나님 자녀로서의 정체성과 이 땅을 살아가는 이유를 깨닫는 은혜가 풍성하게 임하길 기도합니다.

2023년 3월
대구에서

서론

'선교'라는 단어를 듣거나 볼 때 여러분은 어떤 생각이 떠오르나요?

부활하신 예수님이 하늘로 올라가시기 전에 제자들을 세상에 보내면서 하셨던 마지막 말씀인가요? 혹은 언어와 문화가 다른 나라에 가서 복음을 전하는 선교 현장이 떠오르나요? 아니면 선교사 부모님을 따라 어릴 적 멀리 낯선 나라로 떠났다가 몇 년 만에 돌아온 친구가 생각나나요? 과연 선교란 어른이 된 후에나 고민해야 할, 우리와는 먼 이야기일까요?

'선교'를 생각할 때 주로 떠오르는 장면들은 우리와는 다른 특별한 사람들이 교회로부터 보냄을 받아 특별한 곳, 특히 다른 나라로 가서 복음을 전하는 활동이라는 공통점이 있는 것 같습니다.

하지만 성경을 보면 예수님을 포함하여 하나님이 보내신 사람들은 전도 활동 외에도 놀랍도록 다양한 일을 했습니다. 성경에 나오는 요셉, 모세, 엘리야 같은 예언자들과 예수님의 제자들은 굶주린 사람들을 돕고, 노예 생활에서 구출하고, 하나님의 말씀을 전하고, 가르치고, 과부와 고아를 돌보고, 교회의 헌금을 관리하는 등 다양한 일을 하기 위해 보냄받았습니다.

그렇다면 하나님의 보내심을 받은 하나님의 백성은 어떤 목적을 위해 존재할까요?

하나님은 자신이 만드신 창조세계 전체를 향한 원대한 목적을 가지고 계십니다. 그 목적은 온 세상이 예수 그리스도를 통해 하나님과 온전한 관계를 회복하는 복을 받도록 하는 것이며, 그 목적을 위해 하나님은 자신과 함께 그 사명을 완성할 백성을 창조하셨습니다. 그러고 나서 창조세계를 향한 하나님의 마음을 우리에게 전해 주셨지요. 이렇게 선교는 하나님의 마음에서부터 생겨나서 우리의 마음으로 전달되는 것입니다. 우리는 하나님의 선교라는 거대한 흐름 속에서 우리 자신을 살펴봐야 합니다. 우리가 하는 선교가 진정 누구의 선교이고 누구의 뜻을 따르는 것인지 알아야 하기 때문이지요. 우리의 선교 목표가 하나님의 선교 목표와 일치하기 위해서는 우리가 일부를 이루고 있는 이야기, 바로 성경을 제대로 알아야 합니다. 따라서 이 책은 우리가 속한 이야기를 아는 것에서부터 시작합니다.

우리의 선교 무대는 어디일까요? 비행기나 배를 타고 멀리 가는 곳일까요? 지금 우리가 사는 동네를 포함해 예수 그리스도의 복음을 모르거나 거부하는 곳은 어느 곳이나 선교지라 할 수 있습니다. 그렇다면 우리가 하루하루 살아가는 일상 자체가 하나님의 선교에 참여하는 것이 될 수 있을까요? 더 나아가 하나님의 백성이라면 누구나 가지고 있는 전도에 대한 책임 외에도 모든 민족에게 복의 근원이 되고, 세상의 소금과 빛이 되라는 성경 말씀에 대해서는 어떻게 이해하고 있나요?

이 책의 제목은 『하나님 자녀들의 선교』입니다. 이 책을 통해 성경 전체에서 말하는 하나님의 자녀가 누구이며, 무엇을 위해 여기에 있는지 생각해 보려고 합니다. 성경은 하나님의 자녀들이 어떤 사람인지에 대해 큰 관심을 갖고 있습니다. 우리의 선교가 좋은 소식을 전하는 것이라면, 먼저 우리가 좋은 소식의 사람이 될 필요가 있겠지요. 그렇다면 좋은 소식의 사람이 된다는 것은 무슨 의미일까요? 좋은 소식, 즉 복음을 믿고 변화되는 것이 어떤 것인지 우리 삶으로 증거해야 한다는 말입니다. 복음은 단지 믿어야 하는 것이 아니라 순종으로 이어져야 한다는 것을, 앞으로 여러 성경 본문을 직접 찾아보면서 알아보려고 합니다.

하나님은 우리를 하나님의 선교에 초대하셨습니다. 여러분이 삶과 말로 전하게 되는 선교의 핵심, 곧 복음은 무엇인가요? 그것은 하나님이 세상을 구속하기 위해 예수 그리스도를 통해서 하신 일에 관한 좋은 소식입니다. 우리가 시간을 들여 성경에서 말하는 복음의 내용을 탐구해 가다 보면 복음의 범위가 개인의 구원을 넘어서는 것을 발견하게 됩니다. 그리하여 복음은 하나님이 창조하시고 다스리시는 창조세계와 우리 일상의 모든 것을 담을 정도로 넓고 풍성하다는 것을 깨닫게 될 것입니다.

하나님의 선교에 함께하도록 부름받은 하나님 자녀들의 선교는, 하나님에 대한 헌신으로 시작하고 끝나야 합니다. 하나님을 알고, 구원의 은혜를 경험하는 데서 선교가 시작되지요. 하나님 자녀들의 선교는 다른 어떤 신과도 비교할 수 없는 오직 한 분 하나님, 유일한 구원의 이름 되신 예수님을 온 마음과 힘을 다해 증거하는 것입니다.

앞으로 신구약 성경의 여러 본문을 살펴보면서 하나님 자녀들의 선교를 생각해 보는 동안, 앞에서 말한 여러 질문에 대한 답을 이 책 여기저기에서 보물 찾아내듯 발견하는 기쁨을 맛보길 바랍니다.

하나님께서 온 세상과 하나님의 자녀들을 향하여 품으신 마음과 뜻을 우리가 알게 될 때, 말로 다할 수 없는 기쁨과 소망과 자유를 누리게 될 것입니다.

1장

자신이 속한 이야기를 아는 우리

선교는 어디에서부터 시작되었을까요?
성경을 조금 아는 친구라면,
부활하신 예수님이 하늘로 올라가시기 전에
모든 민족을 제자로 삼으라고 하신
마지막 말씀을 떠올릴 것입니다.
복음서와 사도행전, 바울이 쓴 편지 등에서 우리는
예수님을 처음으로 믿고 성령을 받은 유대인들이
세상에 나가서 복음을 전한 모습을 많이 발견할 수 있습니다.
그렇다면 그들은 단지 예수님의 마지막 말씀 때문에
세상으로 나가 복음을 전했던 것일까요?

우리가 속해 있는 이야기

바울은 안디옥이라는 도시의 유대인 회당*에서 예수님을 부활하신 메시아로 전했습니다. 유대인 중 일부는 그 말을 거부했지만, 이방인 가운데 '하나님을 경외하는 자들'은 바울의 말을 받아들였습니다. 이 모습을 보고 바울은 이사야 49장 6절 말씀을 인용하여 다음과 같이 말합니다. "주님께서 이와 같이 우리에게 명령하셨기 때문입니다. '내가 너를 이방의 빛으로 삼았으니, 이는 너를 땅끝까지 이르러 구원이 되게 하기 위해서이다'"(사도행전 13:47). 이방인들은 바울의 말을 듣고 기뻐하며 하나님의 말씀을 찬송하고 믿었습니다.

한편 누가복음 24장에서 예수님은 엠마오 마을로 가는 두 제자에게 나타나셔서 구약 성경 전체에서 하나님이 말씀하신 약속들이 어떻게 예수님을 통해 이루어졌는지 설명해 주셨습니다.

> 그리고 제자들에게 말씀하셨습니다. "내가 전에 너희와 함께 있을 때에 너희에게 한 말이 이것이다. 모세의 법과 예언서와 시편에 나에 관해 쓰여진 모든 것들이 반드시 이루어져야 한다고 말했다." 그리고 예수님께서 제자들의 마음을 열어 성경을 깨닫게 해 주셨습니다. 예수님께서 제자들에게 말씀하셨습니다. "이렇게 기록되어 있다. 그리스도가 고난

• 바빌론 포로기 유대인들이 예배를 드리고, 율법을 가르쳤던 곳으로 출발하여 유대인들의 종교적·사회적 생활의 중심지가 되었습니다. 예배와 종교적 모임을 위한 장소인 동시에 학교 및 법정 역할도 수행했지요.

을 당하고 삼 일째 되는 날에 죽은 자들 가운데서 일어날 것이다. 예루살렘으로부터 시작하여 모든 민족에게 그리스도의 이름으로 죄를 용서받는 회개가 전파되어야 할 것이다. 너희는 이 일의 증인이다." (누가복음 24:44-48)

그 후 예수님은 예루살렘에 있는 제자들에게 가서서 그들의 마음을 열어 성경을 깨닫게 해 주시고 "이렇게 기록되어 있다. 그리스도가 고난을 당하고 삼 일째 되는 날에 죽은 자들 가운데서 일어날 것이다. 예루살렘으로부터 시작하여 모든 민족에게 그리스도의 이름으로 죄를 용서받는 회개가 전파되어야 할 것이다"(누가복음 24:46-47)라고 말씀하셨습니다.

그 이야기를 아는 우리

우리는 예수님과 바울뿐 아니라 예수님을 처음 믿은 사람들이 계속해서 구약의 이야기를 설명하고 사용한 것을 신약 성경에서 찾아볼 수 있습니다. 그렇다면 그 사람들이 깨달은 하나님의 약속과 구원의 이야기는 무엇일까요?

창조
하나님이 온 우주를 창조하셨습니다. 그 창조 안에 우리도 속해 있지요. 하나님의 지혜롭고 선한 성품이 그분이 만드신 피조물에 녹아 있습니다. 하나님은 창세기 1장에서 몇 번이나 "보시기에 좋았다"라고 말씀하셨고, 특별히 사람은 하나님의 형상을 따라 그 모양대로 만드셨습니다(창세기 1:27). 그리고 하나님의 생기를 불어넣은 사람에게 바다의 물고기와 하늘의 새와 땅 위의 움직이는 모든 생물을 다스리도록 할 일을 주셨습니다(창세기 1:28). 첫 사람이었던 아담은 하나님의 지혜와 선하심을 따라 모든 만물을 대하며 기쁨과 만족을 느꼈을 거예요. 성경의 창조 이야기는 우리가 속한 이 우주가 어디서 비롯되었고, 우리는 어떤 존재인지 알 수 있게 해 줍니다.

타락

하나님이 지으신 아름답고 완전하던 세상은 하나님과 같이 되려고 한 인간이 하나님 말씀에 불순종함으로 인해 모든 것이 어그러졌습니다. 창조된 모든 세계와 인간의 모든 삶에 죄가 들어왔습니다. 사람은 점점 늙어 결국은 죽음을 맞이하게 되었고, 열심히 일해도 좋은 결과를 맺지 못하게 되었지요. 사람은 하나님이 주신 지혜를 악하게 사용했고, 사람이 맺는 모든 관계도 깨어졌습니다. 사람들은 하나님께 반역하여 뿔뿔이 흩어졌고, 영적으로는 하나님으로부터 멀어져 하나님을 부인하는 지경에 이르렀습니다. 현실은 이렇게 절망적이지만 우리에게는 좋은 소식이 있습니다. 하나님은 변함없이 우리를 사랑하셔서 죄로 말미암아 타락한 모든 영역을 회복시키기로 작정하셨다는 사실입니다!

역사 속의 구속

'구속'의 뜻이 뭘까요? 죄를 지어 감옥에 가는 것? 야구 경기에서 투수가 던지는 공의 속도? 물론 그런 뜻을 가진 동음이의어도 있지요. 하지만 성경에서 말하는 '구속'이란 재산, 동물, 인간의 법적 자유가 값을 치러 본래의 주인에게로 돌아가는 것을 의미합니다. 예수님이 십자가에서 피 흘리심으로써 본래 하나님의 자녀였으나 죄의 종 된 우리의 죗값을 지불하셨다는 말입니다. 이것이 '구속'입니다.

하나님은 그분이 만드신 모든 세계를 포기하거나 멸망시키는 것이 아니라 구속하기로 하셨습니다. 그 일은 아브라함을 부르시는 것으로부터 시작됩니다.

> 여호와께서 아브람에게 말씀하셨습니다. "네 나라와 네 친척과 네 아비의 집을 떠나 내가 너에게 보여 줄 땅으로 가거라. 내가 너를 큰 나라로 만들어 주고, 너에게 복을 주어, 너의 이름을 빛나게 할 것이다. 너는 다른 사람들에게 복이 될 것이다. 너에게 복을 주는 사람에게 내가 복을 주고, 너를 저주하는 사람을 내가 저주하겠다. 땅 위의 모든 백성이 너를 통해 복을 받을 것이다." (창세기 12:1-3)

하나님은 아브라함을 부르시고 "가거라.…너는 복이 될 것이다.…땅 위의 모든 백성이 너를 통해 복을 받을 것이다"(창세기 12:1-3)라고 말씀하십니다. 그 후 하나님은 아브라함의 자손인 이스라엘 백성을 이집트의 고된 노동에서 구출해 내신 뒤, 시내산에서 언약을 맺으셨습니다. 시내산에서 이스라엘 백성에게 율법을 주시면서, 이스라엘이 하나님을 대표하고 세상과 다른 하나님의 성품을 드러내기를 원하셨습니다. 그들을 통해 하나님이 다스리시는 나라는 어떤 나라이며 얼마나 정의롭고 따뜻한지, 모든 민족이 그 모습을 보고 하나님께로 돌아오기를 바라셨지요.

그러나 이스라엘은 율법의 기준대로 살아갈 수 없었을 뿐 아니라 그렇게 살아가려고 하지도 않았습니다. 하나님은 끊임없이 선지자들을 보내어 이스라엘을 부르셨지만, 그들은 듣지 않았습니다. 그렇다면 이스라엘을 통해 세상을 회복하려는 하나님의 계획은 실패한 걸까요?

놀랍게도 하나님은 아들 예수님을 보내어 그 계획을 이루어 가십니다. 이스라엘 사람들을 포함한 세상 사람들에게 하나님이 다스리시는 나라는 어떤 나라인지 예수님을 통해 보여 주셨어요. 예수님의 말과 행동, 그분의 삶, 십자가에서의 죽음과 부활이 모두 아버지 하나님의 뜻이었습니다.

예수님의 부활을 통해 성령을 선물로 받은 사람들은 교회라는 공동체를 이룹니다. 교회에는 유대인뿐 아니라 이방인도 포함됩니다. "땅 위의 모든 백성이 너를 통해 복을 받을 것이다"(창세기 12:3)라는 하나님의 약속은 이루어졌고, 지금도 이루어지고 있습니다. 성령님은 예수님의 삶과 일을 도우셨을 뿐 아니라, 죽음에서 그분을 일으켜 세우신 놀라운 능력을 하나님의 백성 된 사람들에게 베푸시는 분이십니다. 성령을 선물로 받은 사람들은 하나님의 백성으로 회복되어 변화된 모습으로 세상을 살아갑니다. 예수님 안에서 유대인과 이방인의 구분은 사라지고 하나님의 가족이 된 것이지요.

새 창조

하나님의 약속은 예수님의 다시 오심으로 완성됩니다. 예수님의 다시 오심은 회복의 완성을 뜻해요. 악에 대한 심판이 이루어지고, 하나님이 정의롭고 평화롭게 다스리시는 세상이 펼쳐질 것입니다. 요한계시록 21장에 나오는, 하나님이 함께 계시고, 다시는 죄와 눈물과 아픔이 없는 완전한 회복이 일어나리라는 말씀은 불완전한 세상을 살아가는 우리에게 소망이 됩니다. 우리는 지금도 여전히 회복되고 있고, 하나님의 선교가 완성되는 그날을 바라보며 함께 가고 있습니다.

＊ ＊ ＊

죄로 인해 모든 것이 무너진 창조세계를 하나님이 새롭게 회복해 가시는 하나님의 사랑 이야기가 바로 선교입니다. 처음 예수님을 믿었던 사람들은 그 하나님의 사랑을 먼저 경험했어요. 그리고 오랜 세월 이어 온 하나님의 사랑 이야기를 깨달아 가면서, 그 이야기에서 자신들이 담당할 역할을 발견했습니다. 그런 확신이 있었기에, 그들은 세계 구석구석으로 가서 예수 그리스도에 대한 좋은 소식을 용감하게 전할 수 있었답니다.

함께 생각해 보아요

1. 누가복음 24장은 부활하신 예수님의 첫째 날에 관한 이야기입니다. 예수님은 그날을 어떻게 보내셨나요?

2. 창조, 타락, 구속, 새 창조라는 성경의 큰 이야기 가운데 우리는 어느 부분에 속해 있나요?

3. 처음 예수님을 믿었던 사람들이 어떤 희생을 치르더라도 예수님에 대한 좋은 소식을 전파하려고 결심했던 이유는 무엇이었을까요? 그들은 성경을 하나님의 선교에 관한 이야기로 보았고, 그 이야기 안에서 자신들의 역할을 알았기 때문입니다. "우리가 속한 이야기"를 잘 이해하는 것은, 지금까지 갖고 있던 선교에 대한 생각에 어떤 변화를 줄지 함께 나누어 보아요.

4. 윤정이 부모님은 두 분 모두 직장에 다니십니다. 부모님은 평소 늦게 퇴근하시고, 주말에도 바쁘셔서 윤정이와 대화할 시간이 부족하지요. 늘 외로웠던 윤정이는 어느 날 같은 반 친구의 전도를 받아 교회에 나가게 되었습니다. 설교 말씀을 듣고 자신을 향한 하나님의 사랑을 알게 된 윤정이는 반에서 친구도 없이 혼자 지내는 민서에게 따뜻한 말을 건네고, 이동 수업할 때도 같이 다녔습니다. 우리를 향한 하나님의 사랑의 마음을 안다면, 다른 사람에게도 그 사랑을 전할 수 있습니다. 다른 사람에게 사랑을 전한 경험이 있다면 함께 이야기해 봅시다.

성경 이야기 전체를 창조에서 새 창조에 이르는 하나님의 선교 이야기로 읽을 수 있어 감사합니다. 또한 하나님은 온 세상을 향한 약속을 완성하시기 위해 우리를 부르셨음을 알게 해 주셔서 감사합니다. 우리가 그 크고 위대한 성경 이야기 속의 작은 이야기로, 오늘도 하나님의 자녀답게 살도록 도와주세요.

2장

창조세계를 돌보는 우리

우리는 창조부터 타락, 구속, 새 창조에 이르기까지
성경 이야기 전체는 하나님의 선교를
이루어 간다는 진리를 알게 되었습니다.
그렇다면 구체적으로
하나님의 선교와 창조세계는 어떤 관련이 있을까요?
우리는 창조세계의 일부인 지구를 어떻게 돌봐야 할까요?

창조세계의 왕?!

하나님께서 말씀하셨습니다. "우리가 우리의 모습과 형상대로 사람을 만들자. 그래서 바다의 물고기와 공중의 새와 온갖 가축과 들짐승과 땅 위에 기어다니는 모든 생물을 다스리게 하자." 그래서 하나님께서 하나님의 형상대로 사람을 창조하시되, 남자와 여자를 만드셨습니다. 하나님께서 사람에게 복을 주시며 말씀하셨습니다. "자녀를 많이 낳고 번성하여 땅을 채워라. 땅을 정복하여라. 바다의 물고기와 하늘의 새와 땅 위에 움직이는 모든 생물을 다스려라." (창세기 1:26-28)

하나님은 질서와 아름다움, 선함이 가득한 세계를 만드시고, 인간에게 창조세계를 맡아서 땅을 정복하고 나머지 피조물을 다스리라고 명령하십니다. '땅을 정복하다'라는 말은 땅과 자원을 잘 사용하는 것을 뜻하고, '다스리다'라는 말은 다른 피조물을 관리하고 지배하는 인간의 책임을 일컫습니다. 이 책임은 피조물 중 유일하게 인간에게만 주어졌습니다.

하나님은 창조세계 전체를 다스리시는 자신의 권위를 인간에게 넘겨주십니다. 고대 왕들은 자신이 다스리는 땅과 백성에 대한 통치권을 드러내기 위해 자신의 모습을 닮은 커다란 조각상을 영토 끝에 세우기도 했지요. 마찬가지로 하나님은 창조세계 안에 하나님의 형상대로 인간을 만드시고, 인간에게 왕이신 하나님의 권위를 넘겨주신 거예요. 잊지 말아야 할 것은, 그 권위는 결국 온 세상의 창조주이신 하나님께 속한다는 것입니다. 여기서 잠깐! 하나님의 형상대로 지음받은 인간이 창조세계에서 왕의 역할을 수행한다는 것은 무슨 의미일까요? 이 질문에 답하기 위해 먼저 하나님이 어떤 왕이신지 성경을 통해 알아보겠습니다.

> 여호와는 은혜로우시며 자비하시고, 노하기를 천천히 하시며 사랑이 풍성하십니다. 여호와는 모든 사람들에게 좋으신 분입니다. 주는 그가 만드신 모든 것들을 불쌍히 여기십니다. (시편 145:8-9)

다윗이 왕이신 하나님께 드리는 이 시에서 창조세계를 다스리시는 하나님의 특징을 몇 가지 발견할 수 있습니다. 지혜, 능력, 은혜, 자비, 변함없음, 너그러움, 공급하심, 보호하심, 정의, 사랑입니다. 따라서 인간은 이러한 하나님의 특징을 온전하게 드러내는 방식으로 피조물을 다스려야 합니다. 하나님께로부터 왕의 권위를 넘겨받은 우리는 난폭한 왕처럼 창조세계를 자기 욕심대로 다스려서는 안 됩니다. 환경을 보호하고, 자연을 사랑하며, 동물과 식물의 생명에 관심을 가지는 겸손한 왕이 되어야 합니다.

- 하나님의 형상으로 지음받은 인간은 다른 피조물과는 구별되는 '독특성'으로 다른 피조물을 다스리고 돌보는 책임을 맡았습니다. 하나님과 더 긴밀한 관계 가운데 있는 인간은 창조주 하나님의 다스림을 이 땅에서 대신 구현하는 '대리인'으로 세움받았습니다.

창조세계의 종!?

> 여호와 하나님께서 만드신 사람을 데려다가 에덴동산에 두시고, 그 동산을 돌보고 지키게 하셨습니다. (창세기 2:15)

창세기 2장에서 하나님은 인간에게 자신이 만드신 에덴동산을 돌보고 지키게 하셨습니다. 여기서 '돌보다'로 번역된 '아바드'(avad)라는 단어는 '섬기다'라는 뜻으로, 인간이 왕으로서 창조세계를 다스리는 방법은 창조세계를 섬기는 종이 되는 것이라고 성경은 말합니다. 또한 '지키다'로 번역된 '샤마르'(shamar)라는 단어는 '안전하게 지키다'라는 의미인데, 어떤 것을 헌신적으로 보살필 가치가 있어 진지하게 대하는 것을 뜻합니다.

따라서 하나님이 창조하신 세상 가운데 인간을 두신 이유는, 인간이 피조물을 정성껏 돌보고 안전하게 지키도록 하시기 위함입니다. 땅은 우리에게 먹을 것과 입을 것과 잘 곳을 공급해 주고, 태양은 물을 순환시키는 원동력을 제공합니다. 또 수많은 식물과 동물을 통해 생태계가 조화를 이룹니다. 자연과 더불어 살아가면서 하나님이 자연에 주신 은총을 우리가 일상에서 누리는 셈이지요. 여기에 우리가 하나님이 창조하신 세상을 섬기고 돌보는 일에 최선을 다해야 하는 또 다른 이유가 있습니다.

하나님의 영광을 위해

'웨스트민스터 신앙고백 소요리문답'은 우리가 이해하고 기억하기 쉽도록 성경의 핵심을 요약해 놓은 것입니다. 그 첫 번째 문답은 "인간의 최고 목적은 하나님을 영화롭게 하고 영원토록 그분을 즐거워하는 것"이라고 말합니다. 인간은 삶의 모든 영역에서 하나님을 찬양하고 영광을 돌려 드릴 수 있습니다.

그런데 하나님께 영광을 돌리는 것이 우리 인간만의 존재 목적일까요? 성경은 그렇지 않다고 이야기합니다. 나머지 피조물의 목적도 창조주 하나님께 영광을 돌리는 것이며, 이미 하나님을 찬양하고 있다고 말합니다. 시편을 보면 하나님은 인간뿐만 아니라 창조세계의 모든 피조물로부터 찬양과 영광을 받고 계십니다.

> 해와 달아, 주를 찬양하여라. 빛나는 너희 모든 별들아, 주를 찬양하여라. 가장 높은 너희 하늘아, 주를 찬양하며 하늘 위에 있는 너희 물들아, 주를 찬양하여라. 너희 만물들이여, 여호와의 이름을 찬양하여라.
> (시편 148:3-5)

> 숨을 쉬는 모든 것들이여, 여호와를 찬양하십시오. 여호와를 찬양하십시오! (시편 150:6)

우리는 하나님이 동식물 같은 피조물과 어떻게 관계를 맺으시고,

찬양과 영광을 받으시는지 완벽하게 설명할 수는 없습니다. 하지만 모든 피조물이 하나님을 찬양한다는 사실은 성경 전체에 걸쳐 분명하게 언급되어 있습니다.

그러므로 하나님을 찬양하는 창조세계를 돌볼 때, 우리는 하나님께 영광을 돌리는 위대한 목적에 참여하는 것이 됩니다. 반대로 피조물을 파괴하고 낭비하는 것은 안타깝게도 하나님께 영광을 돌릴 수 있는 피조물의 능력을 막아 버리게 되는 것이지요.

모든 창조세계를 회복시키는 십자가

> 모든 만물이 오직 그리스도를 통하여 하나님께 나아올 수 있도록 정해 놓으셨습니다. 그리스도께서 십자가에서 흘리신 보혈로 평화의 길을 열어 놓으신 것입니다. (골로새서 1:20)

바울은 창조세계도 십자가 구원의 능력으로 회복될 수 있다고 말합니다. 십자가에서 흘리신 예수님의 피가 죄에 빠진 인간뿐 아니라 만물 곧 모든 창조세계를 하나님과 화해시키는 방법이 된다는 것입니다. 그리스도*의 십자가가 창조세계를 위한 좋은 소식이라면, 하나님

● '기름 부음을 받은 자'라는 뜻으로 구약의 히브리어 '메시아'에 대한 신약의 그리스어 호칭입니다. 구약 시대에는 제사장이나 왕, 선지자 등 하나님의 일꾼으로 거룩하게 구별된 사람들이 기름 부음을 받았습니다. 예수님을 '그리스도'라고 부르는 것은 하나님과 사람 사이를 화해시키는 구원자를 뜻하기 때문입니다.

의 자녀인 우리의 선교도 창조세계에 대한 좋은 소식이어야 하고 우리는 마땅히 그 소식을 전해야 합니다. 우리는 창조세계가 그리스도 안에서 완전히 회복되어 마침내 죄가 없고 의로 가득한 곳이 되리라는 것을 기억하며, 창조세계를 잘 돌보고 관리해야 합니다.

* * *

성경의 시작과 끝에는 창조가 있습니다. 예수님이 다시 오셔서 하나님의 약속을 완성하실 새 창조의 날에, 하나님은 우리를 다른 어떤 복된 땅으로 데려가시지 않습니다. 우리는 모든 피조물과 함께 이 창조세계 안에서, 성경의 맨 처음에 나오는 창조세계에 허락하셨던 번성과 채움과 풍성함이 있는 복된 상태로 회복될 것입니다. 그리고 창조주 하나님이 계신 영원한 창조세계 안에서 평안과 쉼을 누리게 될 것입니다.

함께 생각해 보아요

1. 하나님이 세상을 만드실 때 하나님의 형상대로 사람을 만드셨다는 사실은 어떤 의미를 담고 있을까요?

2. 시편 145편을 함께 읽으며 세상의 모든 피조물을 대하시는 하나님의 성품을 찾아보고, 하나님이 우리에게 맡기신 창조세계를 어떤 자세로 돌보아야 하는지 함께 이야기해 보아요.

3. 바울은 예수 그리스도께서 십자가에서 흘리신 피가 죄인뿐 아니라 "창조세계 전체를 하나님과 화해시키고, 하나님께 나아올 수 있게 했다"고 말합니다. 죄인뿐 아니라 창조세계 전체가 하나님과 화해하고, 하나님께 나온다는 것은 무슨 의미일까요?

4. 윤서네 가족은 가을 산에서 도토리를 가지고 놀다가 산에 그대로 두고 내려옵니다. 도토리는 야생동물들의 먹이이자, 곤충들이 알을 낳는 장소이기 때문이지요. 또 윤서네 가족은 온실효과를 일으키는 이산화탄소가 적게 나오는 '저탄소 제품 인증' 표시를 확인하고 물건을 사려고 노력합니다. 놀랍게도 성경은 이렇게 자연을 지키고 돌보는 것이, 하나님을 예배하고 섬기는 방법 중 하나라고 말합니다. 우리가 창조세계를 돌보기 위해 실천할 수 있는 일은 무엇이 있을지 구체적으로 말해 봅시다.

하나님은 우리에게 하나님이 만드신 자연과 동식물을 돌보고 관리하도록 맡기셨습니다. 예수 그리스도의 십자가가 모든 창조세계를 위한 좋은 소식이 된 것을 기억합니다. 새 창조의 날, 창조세계가 원래의 아름다운 상태로 회복될 것을 바라며, 창조세계를 향한 선하고 긍휼하신 하나님의 마음으로 자연을 아끼고 사랑하도록 해 주세요.

하나님 자녀들의 TALK

3장

복이 되어
복을 전하는
우리

처음 세상,
하나님 보시기에 좋았던 창조세계는
불순종한 인간의 죄로 망가져 버렸고,
인간은 점점 더 악해졌습니다.
하나님은 새 창조로 가기 위한
걸음을 어떻게 시작하실까요?

선교의 시작, 아브라함으로부터

예수님이 부활하시고 하늘로 올라가신 후 제자들이 활동할 무렵부터 선교가 시작되었다고 생각하기 쉽습니다. 하지만 하나님의 선교는 성경에 나오는 첫 책인 창세기 12장에 등장하는 아브라함으로 거슬러 올라갑니다.

> 또 성경은 장차 일어날 일, 곧 하나님께서 이방인을 믿음으로 의롭게 하여 줄 것을 미리 일러 주었습니다. 이 복음을 먼저 아브라함에게 전했는데 그것은 "모든 민족이 너로 말미암아 복을 받을 것이다"라는 성경 말씀과 같은 것입니다. (갈라디아서 3:8)

성경은 복음이 아브라함에게 먼저 전해졌다고 말합니다. 그 복음은 아브라함을 통해 모든 민족이 복을 받을 것이라는 좋은 소식입니다.

아브라함이 등장하기 전인 창세기 3장부터 11장까지의 이야기는 죄 때문에 어둠에 빠진 세상의 모습을 보여 줍니다. 하나님의 형상대로 지음받은 인간은 죄를 지었고, 이 땅은 하나님의 저주 아래 놓이게 됩니다. 결국 하나님은 홍수로 세상을 심판하신 뒤, 인간들에게 다시 하나님의 복을 주겠다고 약속하시지만 이후로도 인간의 교만과 불순종은 계속됩니다. 개인의 죄는 물론이고, 나라 간의 다툼과 분열, 동물과 식물들의 고통 등 하나님이 만든 온 세상은 죄 때문에 신음할 수밖에 없었습니다.

하나님은 이제 무엇을 하실까요? 오직 하나님만이 하실 수 있는 엄청난 일을 계획하십니다. 나이 많고 자식도 없는 한 사람을 선택하고 부르셔서 온 세상의 고통스러운 신음에 응답하십니다. 그 한 사람이 바로 아브라함이에요! 이는 아브라함을 부르신 것으로부터 하나님의 선교가 시작되었음을 알립니다.

'복'이란 무엇일까요?

> 여호와께서 아브람에게 말씀하셨습니다. "네 나라와 네 친척과 네 아비의 집을 떠나 내가 너에게 보여 줄 땅으로 가거라. 내가 너를 큰 나라로 만들어 주고, 너에게 복을 주어, 너의 이름을 빛나게 할 것이다. 너는 다른 사람들에게 복이 될 것이다. 너에게 복을 주는 사람에게 내가 복을 주고, 너를 저주하는 사람을 내가 저주하겠다. 땅 위의 모든 백성이 너를 통해 복을 받을 것이다." (창세기 12:1-3)

이 말씀에서 '복'이라는 단어가 반복해서 등장하는 것을 볼 수 있습니다. 그렇다면 '복'은 무엇일까요? 사람들은 해가 바뀌면 "새해 복 많이 받으세요"라고 인사를 나눕니다. 보통 원하던 선물을 받는 행운이나 착한 일을 하면 받게 되는 좋은 상 정도로 복을 생각하지 않나요? 성경에서 말하는 '복'에는 여러 의미가 있습니다.

하나님은 맨 처음 세상을 만드실 때 생명이 풍성한 열매를 맺고 퍼져 나가도록 피조물들에게 복을 주셨습니다. 사람을 창조하실 때에도 자녀를 많이 낳고 번성하라고 하셨지요. 생명을 소중하게 여기시는 하나님은 사람과 피조물들이 멀리 퍼져 나가 땅을 가득 채우는 것이 복이라고 하셨습니다. 그런 의미에서 하나님이 아브라함을 부르실 때 말씀하신 복에도 '번성, 채움, 풍성함'이라는 뜻이 담겨 있습니다.

복은 전적으로 하나님과의 관계에 달려 있습니다. 하나님을 떠나서는 진정한 복을 받는다고 말할 수 없지요. 하나님과 좋은 관계 속에 있다면 그 사람은 이미 복을 누리고 있는 것이랍니다. 맨 처음 아담과 하와가 에덴동산에서 하나님과 사랑하며 좋은 관계를 나누었던 것은 복을 누리는 장면 중 하나입니다.

또한 복은 다른 사람들과의 관계 속으로 뻗어 나갑니다. 요셉으로 인해 복을 받은 보디발이나 야곱에게 주신 복으로 함께 부자가 된 라반처럼, 하나님의 복을 받은 사람은 복 그 자체가 되어 주위 사람들에게 좋은 영향을 미치게 됩니다.

그럼 복은 어떻게 받고 어떻게 누릴 수 있을까요? 복은 우리가 받을 자격을 갖추었거나 우리가 하는 착한 행동의 결과로 받는 게 아닙니다. 복을 받고 계속 누릴 수 있는 유일한 길은, 하나님을 사랑하고 신뢰하며 순종하는 관계 속에서만 가능하지요.

부모님과의 관계로 설명해 볼까요? 우리가 부모님을 사랑하면 자연스럽게 순종하는 마음이 생기는 것과 비슷합니다. 부모님은 우리를 조건 없이 사랑하시고 선물을 주시죠. 선물을 받은 우리는 부모님의 사랑에 감사하며 예전보다 더 순종하고 싶은 마음을 가지게 됩니다. 부모님은 우리의 그러한 모습을 보고 기뻐하시며 더 많은 선물을 주시는 것과 같은 원리입니다. 우리가 구원의 은혜를 기억하고, 하나님께 받은 복에 감사하며 믿음으로 순종할 때 우리는 하나님의 복 안에서 계속 살 수 있습니다.

복이 되어 복을 전하는 교회

만약 탐험가들이 비가 많이 와서 불어난 물 때문에 깊은 동굴에 갇히게 되었다면 어떻게 할까요? 외부와 연락할 방법이 없다면, 수영을 잘하는 한 사람을 선택한 뒤 물길을 통해 그를 바깥으로 내보낼 것입니다. 물 밖으로 나가서 도움을 요청하게 하기 위함이죠. 그 사람이 구조팀을 불러오면 모두가 살 수 있으니까요.

이처럼 '선택'이란 나만 살기 위한 것이 아니라 다른 사람도 살리는 방법이라고 말할 수 있습니다. 하나님이 아브라함이라는 한 사람과 이스라엘이라는 한 나라를 선택하신 것은, 모든 민족을 하나님께로 이끌기 위한 놀라운 계획의 첫걸음입니다. 한 나라가 선택받았지만 결국 모든 민족이 그 선택의 은혜를 누리게 되는 것이지요.

그렇다면 복의 통로로 선택받은 아브라함의 자손은 과연 누구일까요? 우리는 이스라엘 사람도 아닌데 말이에요. 놀랍게도 성경은 예수님을 메시아와 구세주˙로 믿는 모든 나라 사람이 아브라함의 자손

● '세상을 죄와 죽음으로부터 구원하는 자'라는 뜻으로 예수 그리스도를 말합니다. 하나님은 예수 그리스도 안에서 모든 창조세계를 죄와 악에서 구원하시고, 하나님의 다스리심을 온 세상에 실현하십니다.

이라고 말합니다. 그 믿는 사람들의 공동체가 바로 교회지요. 이렇게 아브라함 안에서 하나님 백성이 되도록 선택받은 우리는 아브라함이 하나님께 받은 약속도 그대로 물려받습니다. 아주 엄청난 일이죠?

> 그리스도 안에서는 유대인이나 그리스인이나 종이나 자유인이나 남자나 여자나 차별이 없습니다. 여러분은 그리스도 예수 안에서 모두 하나입니다. 여러분은 그리스도에게 속한 사람입니다. 그러므로 여러분은 아브라함의 자손입니다. 하나님께서 아브라함에게 하신 약속대로 여러분은 하나님께서 주시는 모든 복을 받습니다. (갈라디아서 3:28-29)

그리스도 안에 있으면 아브라함의 복을 받기도 하지만 복을 전달하는 사명도 같이 받습니다. 우리가 받은 복은 우리만의 것이 아니라 다른 사람에게 또 모든 민족에게 전해야 하는 복입니다. 교회는 아브라함의 복을 받은 공동체가 되어 온 세상에 그 복을 전하는 통로랍니다.

우리도 아브라함처럼: 떠나고 믿음으로 순종하자

아브라함은 하나님이 부르실 때 어떻게 행동했나요?

첫째, 아브라함은 떠났습니다. 하나님은 온 땅과 모든 민족에게 복을 주시기 위해 아브라함에게 "고향을 떠나라"라고 명령하셨습니다. 아브라함이 모든 민족을 위한 복의 시작이 되려면 먼저 바빌론 땅을 떠나야만 했습니다. 복은 강한 나라와 위대한 문명이 주는 것이 아니라 하나님과 함께한다면 어떤 환경에서도 받을 수 있는 것입니다.

이처럼 떠난다는 것은 장소를 바꾼다는 의미와 함께, 죄로 가득한 세상의 생각과 문화로부터 '벗어난다'는 뜻도 있습니다. 우리는 하나님 생각에 맞서는 세상의 가치관과 주장을 '떠나서' 믿음과 소망으로 하나님을 바라보아야 합니다.

둘째, 아브라함은 하나님을 믿고 순종했습니다. 아브라함은 하나님을 믿었기 때문에 말씀에 순종해서 고향을 떠날 수 있었고, 아들 이삭을 제물로 바치라는 명령에도 순종할 수 있었습니다. 순종을 통해 자신의 믿음을 보여 준 거예요. 성경에서 믿음과 순종은 떼려야 뗄 수 없는 관계입니다. 하나님은 아브라함의 자손인 우리를 통해 모든 민족에게 복을 주기로 계획하셨기 때문에 하나님의 선교에 초대받아 참여하는 우리에게도 믿음과 순종의 자세가 필요합니다!

* * *

하나님은 인간의 죄와 불순종으로 고통이 가득한 창조세계에 하나님의 복을 가져오는 프로젝트를 시작하셨습니다. 그 첫걸음은 바로 아브라함을 선택하시고 부르신 것입니다. 새 창조로 가기 위한 위대한 여정이 시작된 것이지요. 하나님의 복은 아브라함과 그 가족만을 위한 것이 아니라 모든 민족에게 전해져야 할 복입니다. 예수님 안에 있다면 누구나 아브라함의 자손이 됩니다. 아브라함의 자손은 하나님의 복을 누리는 특권과 더불어, 복을 전할 사명도 같이 가지고 있답니다.

함께 생각해 보아요

1. 새해가 되면 사람들은 "새해 복 많이 받아"라고 인사를 건넵니다. 많은 사람이 공부를 잘하고, 건강하고, 예뻐지고, 돈을 많이 버는 것을 '복'이라고 생각합니다. 여러분은 '복'이 무엇이라고 생각하나요?

2. 아브라함은 처음 하나님을 만날 때부터 믿음으로 순종하는 법을 배웠습니다. 믿음으로 순종하는 것은 우리가 복을 전하기 위해 꼭 필요한 태도입니다. 하나님의 말씀에 믿음으로 순종하기 위해 우리는 무엇을 할 수 있을까요?

3. 우리는 예수님 안에서 아브라함의 자손이 되었고, 동시에 복을 전해야 할 책임도 받았다는 사실을 알게 되었습니다. 복이란 하나님 자신뿐 아니라 그분이 주신 모든 좋은 것을 말합니다. 요즘 이 복을 전해 주고 싶은 사람이 있는지 함께 나누어 보아요.

4. 준수는 최근에 친구의 권유로 교회에 나왔습니다. 예수님을 믿게 되었으니 과거의 좋지 않은 습관은 버려야겠다고 결심했습니다. 이후 친구들에게 욕을 섞어 가며 말하거나 부모님께 무례하게 행동했던 나쁜 습관들이 많이 사라졌어요. 아브라함은 처음 믿음을 갖게 되었을 때, 하나님의 말씀에 순종해서 우상이 가득한 고향을 떠났습니다. 예수님을 믿는 우리가 떠나야 할 세상의 문화나 나쁜 습관은 무엇이 있을지 돌아봅시다.

우리를 온 세상에 복이 되는 사람으로 부르시고 아브라함에게 주셨던 복을 우리에게도 동일하게 베풀어 주셔서 감사합니다. 예수 그리스도를 통해 모든 민족을 하나님의 복으로 초대하는 일에 우리를 사용해 주실 것을 믿습니다. 아브라함처럼 세상의 죄에서 떠나 날마다 믿음으로 순종하는 사람이 되게 해 주세요.

4장

거룩한 길을 따라가는 우리

하나님의 구원 역사는
아브라함을 부르시고 그 자손을 통해
모든 민족에게 복이 임할 것이라는 약속으로 시작했습니다.
아브라함은 하나님만을 신뢰하여 그분께 순종함으로
온 세상에 복이 되었습니다.
그렇다면 믿음으로 순종하는 아브라함으로부터 시작된
하나님이 약속하신 복은
어떻게 온 세상에 미칠 수 있을까요?

하나님의 약속을 일깨워 주는 말씀

하나님은 땅 위의 모든 백성이 아브라함을 통해 복을 받을 것이라고 하신 처음 약속(창세기 12:3)을 기억하면서 말씀하십니다.

> "나는 아브라함이 자기 자녀들과 자손들을 가르쳐 여호와의 길을 잘 따르게 하기 위해 그를 선택했다. 그의 자손이 아브라함에게 배운 대로 하면, 나 여호와가 아브라함에게 한 모든 약속을 지키겠다." (창세기 18:19)

하나님은 아브라함의 자손들이 아브라함에게 배운 대로 여호와의 길을 따라 살면, 아브라함에게 주신 모든 약속을 이루어 주시겠다고 말씀하십니다. 그들은 악한 일을 저지르는 사람들과는 달리, 하나님이 기뻐하시는 길을 잘 따르는 공동체가 되어야 합니다. 그들을 통해 하나님이 아브라함에게 하신 약속을 이루시고 모든 민족에게 복을 가져다주실 수 있도록 말이지요.

위 말씀은 하나님이 소돔을 심판하시기 전에 아브라함을 찾아가서 하신 말씀입니다. 하나님은 소돔과 같은 오늘날의 세상에서 아브라함처럼 살도록 우리를 선택하셨습니다.

소돔: 우리가 사는 세상을 보여 주는 거울

소돔은 하나님 나라와 다른 악한 세상이었습니다. 성경 곳곳에서 소돔은 억압, 학대, 폭력, 왜곡된 성, 우상숭배, 교만, 탐욕스러운 소비가 가득한 곳으로 묘사됩니다. 하나님은 소돔과 고모라에서 벌어지는 악한 일로 인해 부르짖음이 크게 들려온다고 말씀하십니다. '부르짖음'은 억압이나 침해를 당하는 사람들의 고통스러운 외침 혹은 도움을 바라는 외침을 뜻합니다. 소돔은 가난하고 불쌍한 이들에 대한 자비나 돌봄이 없는 곳으로, 우리가 살아가는 이 세상을 보여 주는 거울과 같습니다.

아브라함: 하나님 선교의 시작

소돔을 심판하러 가시는 길에 멈추어 서신 하나님은 아브라함이 크고 강한 나라가 되어 땅의 모든 나라가 아브라함으로 인해 복을 받을 것이라는 자신의 약속을 떠올리십니다. 당장 심판받아 마땅한 악한 도시일지라도 세상을 향한 하나님의 뜻은 변함없습니다. 결국 땅의 모든 민족이 아브라함을 통해 복을 받는 것이라는 좋은 소식이지요!

하나님은 소돔을 심판하시려는 상황에서 아브라함과 사라에게 아들을 갖게 될 거라고 약속해 주십니다. 그것은 아기를 갖기에는 너무 늦었다고 생각하던 노부부를 위한 하나님의 개인적인 선물 이상의 의미를 갖습니다. 모든 민족에게 복이 되는 하나님의 백성이 실제로 시작된다는 약속을 뜻하기 때문이지요. 복음이 구약과 신약 시대를 지나 수 세기에 걸쳐 오늘날 우리에게 이르기까지, 하나님은 그분을 믿고 순종하는 사람들에게 아브라함과 하셨던 약속을 변함없이 지키고 계신 것입니다.

여호와의 길: 하나님 백성의 모범

하나님은 아브라함이 자기 자손들을 가르쳐 여호와의 길을 잘 따르게 하길 바라셨습니다. 그렇다면 그들이 배워야 할 '여호와의 길'은 무엇일까요?

> 여러분의 하나님 여호와는 모든 신의 하나님이시며, 모든 주의 주시오. 여호와께서는 위대한 하나님이시며 강하고 두려운 분이시오. 불공평한 일은 하지 않으시며 뇌물도 받지 않으시는 분이시오. 고아와 과부를 도와주시고, 외국인을 사랑하셔서 그들에게 먹을 것과 옷을 주시는 분이시오. 여러분은 외국인을 사랑해야 하오. 이는 여러분도 이집트에서 외국인이었기 때문이오. (신명기 10:17-19)

'여호와의 길'은 세상 신들이나 여러 민족 혹은 죄인의 길과는 다른 하나님의 길을 의미합니다. 하나님이 어떻게 행동하시는지 잘 보고 그대로 따르는 것이죠. 하나님이 다른 사람들에게 해 주고 싶으신 것을 우리가 그들에게 해 주는 것입니다. 하나님의 성품과 가치관, 그분이 원하시는 것이 그분의 행동과 명령에 녹아 있기 마련입니다. 따라서 하나님의 성품을 본받아 하나님의 길을 따르고 명령에 순종하면 생활 가운데 하나님을 드러내게 됩니다.

이스라엘의 경우, 하나님이 이집트의 종살이에서 구해 주시고 광야에서 음식과 옷을 공급해 주신 일을 기억하며 다른 사람들에게도 그와 같은 사랑을 베풀어 주는 것을 뜻합니다. 이것은 소돔 사람들이 결코 하지 못한 일입니다. 다른 사람을 무자비하게 짓밟고, 가난한 이웃을 돌보지 않는 소돔 사람들의 길과는 전혀 다른 하나님의 길이지요.

또 여호와의 길을 잘 따르는 것은 '공의와 정의'*를 실천하는 것입니다. 구약 성경에서 종종 한 쌍으로 함께 표현되는 이 단어들은 두 가지 의미를 포함합니다.

첫째, 자신이 맺고 있는 관계나 처한 상황에 맞게 마땅히 해야 할 올바른 행동을 하는 것입니다. 부모, 자식, 친구, 학생, 예배자로서 바르게 행동하는 것이 무엇인지 구체적으로 아는 것이지요.

둘째, 잘못되었거나 통제할 수 없는 상황에 개입해서 고치고 바로잡는 법적 활동을 말합니다. 가장 가까운 표현은 '사회 정의'가 될 거예요. 구약 성경에서 말하는 공의와 정의는 옳다고 생각하는 것을 넘어 적극적으로 행동하는 것을 뜻한다는 점이 중요합니다.

그렇다면 자손들에게 하나님의 길을 따라 공의와 정의를 행하도록 가르쳐야 하는 아브라함은 누구에게서 그것을 배울까요? 아브라함은 하나님으로부터 가르침을 받았습니다. 하나님의 길을 잘 가르칠

- '공의'(righteousness)와 '정의'(justice)는 구약 성경에서 종종 서로 짝을 이루어 사용됩니다. 공의와 정의는 자신의 백성에 대한 변함없는 사랑과 약속을 지키시는 하나님의 성품입니다. 이 두 단어는 머릿속에서 꿈꾸고 바라는 개념이 아니라 실천하는 구체적인 행동이라는 점이 중요합니다.

수 있는 분은 하나님 자신밖에 없겠지요?

하나님은 소돔에서 억압당하는 사람들의 고통과 부르짖음에 관심을 갖고 계신다는 사실을 아브라함에게 알리셨습니다. 그리고 실제로 행동하셨어요. 이집트의 종살이에서 이스라엘을 구해 주실 때도, 고통스러워하는 이스라엘 백성의 부르짖음을 듣고 불쌍히 여기셔서 불의한 사람들을 심판하셨습니다.

하나님이 아브라함을 택하신 것은 하나님의 성품을 배우고 경험하여 그것을 삶으로 나타내는 공동체를 만들기 위해서입니다. 그러한 공동체가 실제로 존재할 때 모든 민족에게 복을 전하는 하나님의 선교가 이루질 수 있습니다. 아브라함이 보여 준 개인의 순종은 그의 자손들이 따라야 할 모범이 되고, 가르침을 통해 공동체 전체에 전해져 공동체의 모범이 될 것입니다.

예수님도 제자들에게 주변 문화의 생활방식으로부터 돌아서서 회개하고, 믿음을 가지고 그분의 가르침에 순종할 것을 말씀하셨습니다. 하나님의 성품을 닮은 공동체는 온 세상에 복이 됩니다. 초대교회*가 그랬듯이 말이에요.

* * *

개인이나 공동체의 삶에서 행하는 모든 도덕적 선택은 정말 중요합

- 기독교 역사의 첫 500년 동안에 존재했던 교회입니다. 초대교회 그리스도인들은 조롱과 박해 가운데서도 하나님의 능력을 나타내고, 인종과 계층을 초월하여 가난하고 힘없는 사람들을 돌보는 믿음과 사랑의 공동체를 이루었습니다.

니다. 그것은 언제나 하나님의 선교에 큰 영향을 주지요. 우리가 하나님을 본받지 않고, 정직하고 정의롭게 살지 못한다면, 하나님과의 개인적인 관계가 망가질 뿐 아니라 하나님이 아브라함에게 하신 약속을 지키지 못하도록 방해하는 것이랍니다. 그러나 우리가 여호와의 길을 잘 따르고 공의와 정의를 행하며 산다면, 하나님은 모든 민족에게 복을 주시겠다는 그분의 약속을 지키실 것입니다!

함께 생각해 보아요

1. 하나님은 너그럽고, 은혜롭고, 진실하고, 의로우시며 지혜로운 성품을 지니십니다. 이것은 하나님의 선한 성품의 일부입니다. 이러한 하나님을 닮은 공동체는 어떤 특징이 있을지 생각해 보아요.

2. 하나님이 이스라엘에게 베풀어 주신 것처럼 우리에게 베푸신 일은 무엇이 있는지 생각해 봅시다. 하나님이 우리에게 해 주신 것처럼 우리가 돌보고 사랑해야 할 사람은 누가 있을까요?

3. 4세기 로마의 율리아누스 황제는 그리스도인들의 선한 행동이 주는 영향력이 매우 대단해서 세계를 차지할까 봐 두려워했다고 합니다. 오늘날 그리스도인들은 우리 사회에 어떠한 영향을 주고 있다고 생각하나요?

4. "평생 의사 한번 만나지 못하고 죽어 가는 사람들을 위해서 일생을 바치겠어요"라고 기도했던 의사 선생님이 있었습니다. 선생님은 가난하고 병든 사람들을 무료로 치료해 주는 '복음 병원'을 세웠고, 병원이 없는 곳을 찾아다니면서 아픈 사람들을 돌보았습니다. 또 가난한 사람이 큰 병에 걸렸을 때 병원비 걱정을 하지 않고 치료받을 수 있도록, 우리나라 최초로 의료 보험 제도를 도입하기도 했어요. 가난하고 힘없는 이웃을 위해 자신의 모든 것을 내어주어 '한국의 슈바이처'라 불리는 장기려 선생님 이야기입니다.

'공의와 정의'는 자신이 맺고 있는 관계나 처한 상황에 맞게 마땅히 해야 할 올바른 행동을 의미합니다. 가정과 학교, 학원, 교회 등에서 우리가 마땅히 해야 할 올바른 행동은 무엇이 있을까요?

언제나 오래 참으시며 하나님의 자녀들을 바른길로 인도하시는 하나님의 이름을 높여 드립니다. 하나님의 성품을 배우고 더 알고 싶어요. 그래서 하나님이 우리에게 베풀어 주신 것처럼, 다른 사람들을 돌보며 어려움을 당한 사람들의 목소리에 귀 기울이고 싶어요. 매 순간 하나님이 기뻐하시는 길을 선택할 수 있도록 도와주세요.

하나님 자녀들의 TALK

5장

구원받은 자녀로 사는 우리

성경에서 우리가 처음으로
구속의 이야기를 만나는 곳은 출애굽기입니다.
하나님은 분명한 목적을 가지고
이집트의 노예로 살던 이스라엘 백성을 구속하셨습니다.
그렇다면 구속이 실제로 무엇을 의미하는지
성경은 어떻게 가르치고 있을까요?
우리는 무엇 때문에 구속받았고,
구속받은 우리에게는 어떤 변화가 생긴 것일까요?

구속이란?

'구속하다'라는 뜻의 영어 단어 'redeem'은 어떤 물건이나 사람을 '되사는' 것을 의미합니다. 히브리어로는 '가알'(gaal)이고, 그런 행동을 하는 사람을 '고엘'(goel)이라고 부르지요.

당시 이스라엘 문화에서는 부당한 대접을 받거나 위험에 처한 가족을 지키기 위해 행동할 때 '고엘로서 행동한다'라고 말했습니다. 가족의 '수호자'나 친척의 '보호자'가 되는 것이지요. 예를 들어, 가족이 빚을 갚지 못해 가진 땅을 팔거나 종으로 팔려갔다면 친척은 땅을 되사거나 종이 된 가족이 자유롭게 되도록 그 빚을 갚아 줄 책임이 있습니다. 성경의 룻기에도 '고엘'로 행동하는 보아스가 등장하지요. 나오미의 친척인 보아스는 남편과 두 아들을 잃은 나오미를 가족으로 맞이하고, 나오미의 며느리 룻이 아들을 가질 수 있도록 '고엘'로서 행동하며 헌신이 뒤따르는 도덕적 책임을 다했습니다.

이처럼 하나님이 그분의 백성에게 구속자, 즉 '고엘'로서 행동하시는 것은 하나님이 '보호자' 역할을 담당하시고, 그 역할에 따른 책임을 다하고 헌신하신다는 뜻입니다. 하나님은 그분의 백성을 보호하고 자유롭게 하는 데 필요한 일은 무엇이든 하시고, 얼마든지 값을 지불하실 각오가 되어 있으시지요.

이 하나님이 구속자가 되기로 결심하셨을 때 하나님은 무슨 일을 행하셨을까요?

구속의 모델: 출애굽

형들의 미움을 받아 노예로 팔려 간 요셉이 하나님의 도움으로 이집트 왕의 꿈을 해몽하여 총리가 된 이야기를 들어 본 적이 있지요?

당시 야곱과 형제들은 굶주림을 피해 요셉이 총리로 있는 이집트로 가게 됩니다. 그곳에서 하나님의 복을 받아 큰 가족을 이루었지요. 그런데 오랜 세월이 지난 후, 요셉을 기억하지 못하는 이집트의 새 왕은 이스라엘 백성의 수가 점점 많아지고 강해지는 것이 두려워 그들을 노예로 삼아 힘든 일을 시키고 폭력을 가하며 괴롭혔습니다. 이스라엘 백성은 하나님께 구해 달라고 부르짖었어요. 그러자 하나님은 무자비한 압제 아래 고통받던 이스라엘 백성의 부르짖음에 귀 기울이시고 불쌍하게 여기셔서 그들을 구출하기로 결심하셨습니다.

먼저 하나님은 이집트에서 노예로 살던 이스라엘 백성을 이끌어 내어 자유를 주셨습니다. 그리고 이스라엘 백성에게 땅을 주어 일한 만큼 거두어 먹고 살도록 하셨습니다. 또 하나님은 시내산에서 이스라엘 백성에게 사람의 생명이 존중되고 정의로운 사회를 만들기 위한 법을 주셨고, 이스라엘 안에서 이집트 노예 시절과 같은 부당한 일이 다시는 일어나지 않도록 법으로 정하셨습니다.

그렇다면 지긋지긋한 노예 생활에서 벗어나게 된 이스라엘 백성은 이제 자유의 몸이 되었으니 마음대로 살아도 되는 걸까요?

하나님은 이스라엘 백성을 이집트에서 이끌어 내신 뒤에 내버려 두지도 않으시고 떠나지도 않으셨습니다. 하나님은 이스라엘 백성과 약속을 맺으시고 하나님의 백성답게 살기를 바라셨습니다. 하나님은 이집트 왕에게 "이스라엘은 나의 맏아들이다. 나는 너에게 내 아들을 보내서 나를 예배할 수 있게 하라고 말했다"(출애굽기 4:22-23)라고 말씀하셨습니다. 이스라엘 백성이 이집트 왕의 노예로 사는 한 하나님을 예배할 수 없었고, 아브라함과 맺은 약속은 진행될 수 없었죠. 결국 하나님은 이집트 왕과의 거대한 힘 겨루기에서 승리하셨고, 이스라엘이 섬길 대상은 오직 하나님 한 분뿐이라는 사실을 보여 주셨습니다. 구속은 단순히 그들이 자유롭지 못했던 상황에서 벗어나는 것만이 아니라 하나님과의 언약 관계 안으로 들어와 하나님 한 분만을 예배하고, 아브라함과 맺은 약속이 계속 진행되는 것입니다.

이처럼 이집트를 떠날 때 나타난 하나님의 구속은, 이스라엘 백성과 관련된 모든 부분을 구체적으로 변화시켰습니다. 이것이 바로 '고엘'로 행동하시는 하나님의 위대한 구속의 모델입니다.

십자가: 구속의 절정

> 어둠의 세력에서 우리를 구원하셨으며, 그분이 사랑하는 아들의 왕국으로 우리를 옮겨 주셨습니다. 우리의 모든 죄에 대해 아들의 피로 대신 값을 치르시고, 우리를 용서해 주신 것입니다. (골로새서 1:13-14)

> 하나님께서는 세상의 주권과 능력을 꺾으시고, 온 세상 사람들에게 십자가를 통한 승리를 보여 주셨습니다. (골로새서 2:15)

신약 성경은 예수님의 죽음을 온 세상을 위한 '출애굽'의 완성이라고 소개합니다. 예수님의 죽음은 구속의 모델로, 하나님이 보여 주신 '출애굽'의 그림과 똑같습니다.

구속자이신 예수님은 자신의 백성과 창조세계를 억압하는 모든 것으로부터 구출하기 위해, 필요한 것은 무엇이든 하시는 수호자입니다. 몸값이 지불되어야 노예에게 자유가 주어지듯이 예수님은 죄와 죽음의 노예가 된 우리를 자유롭게 하시려고 십자가에서 자신의 생명을 내어주심으로 우리의 몸값을 대신 지불하셨습니다. 구속 사역이 절정에 이르는 십자가와 부활 사건은 하나님을 반대하고 그분의 창조세계를 노예로 만드는 모든 것에 대한 하나님의 승리를 선포합니다. 하나님은 예수님 안에서 온 세상을 죄와 악으로부터 구출하시고, 그분의 백성과 피조물을 어둠에서 일으키사 빛과 자유로 이끌어 주십니다.

예수님의 십자가와 부활을 통한 하나님의 구속은, 죄로 오염되고 망가져 버린 온 세상을 위한 좋은 소식입니다. 예수님을 믿는 우리는 하나님의 역사적인 구출 사건인 십자가와 부활을 삶의 중심에 놓고 날마다 기억해야겠지요. 그러면서 온 세상의 완전한 구속이 이루어질 새 창조의 날을 기대하고 소망할 수 있답니다.

구속받은 자녀로 사는 삶

만약 집에 불이 났는데 소방관의 도움으로 무사히 밖으로 탈출할 수 있었다면, 그 사람은 평생 그 소방관에게 감사하는 마음을 가지고 살아갈 것입니다. 또 자신이 받았던 도움을 기억하며, 어려움에 부딪친 이웃을 돕는 일에 이전보다 더 관심을 가지게 되겠지요.

예수님의 십자가와 부활을 통해 죄와 죽음으로부터 구속받은 우리 삶도 이와 비슷합니다. 구속의 은혜를 기억하고, 기쁘고 감사한 마음으로 하나님을 예배하는 행위는 스포츠 경기에서 크게 승리한 뒤 환호하고 박수를 치는 것처럼 서서히 잦아드는 반응과는 다른 것입니다. 예배는 하나님의 구속을 경험한 사람들의 삶에 스며들어 날마다 자연스럽게 나오는 삶의 모습일 것입니다.

또한 우리는 구속의 모델인 '출애굽' 사건과 그 사건의 완성인 십자가를 통해 구속자 하나님의 성품을 만날 수 있습니다.

> 혹시 여러분의 하나님 여호와께서 여러분에게 주신 땅의 어느 마을에 가난한 사람이 있다면 그 불쌍한 형제를 매정히 대하거나 인색하게 대하지 마시오. 그에게 필요한 것은 무엇이든지 아끼지 말고 다 빌려주시오.…그에게 자유를 주어 내보낼 때에는 빈손으로 보내지 마시오. 그에게 양과 곡식과 포도주를 넉넉히 주시오. 여러분의 하나님 여호와께서 여러분에게 복을 주신 것만큼 그에게도 베풀어 주시오. 여러분도 이집트에서 종살이했던 것을 기억하시오. 또 여러분의 하나님 여호와께서 여러분을 구해 주셨다는 것을 기억하시오. 그분으로 인하여 내가 오늘 여러분에게 이렇게 명령하는 것이오. (신명기 15:7-8; 13-15)

친절히 대하고, 사랑과 온유함으로 하나님이 그리스도 안에서 여러분

을 용서하신 것같이 서로를 용서하십시오. (에베소서 4:32)

우리는 성경 전체에 걸쳐서 고통받는 자기 백성의 부르짖음을 들으시고 불쌍하게 여기시는 긍휼의 하나님, 억압이 반복되지 않고 가난한 사람을 정성껏 대접하기를 바라시는 따뜻하고 정의로운 하나님, 십자가로 말미암아 그리스도 안에서 죄를 용서받은 우리가 다른 사람을 기꺼이 용서하길 원하시는 자비의 하나님을 발견할 수 있습니다. 하나님께 구속받은 백성은 다른 사람들을 대할 때, 그들을 구속하신 하나님의 이와 같은 성품을 반영해야 합니다. 즉, 하나님의 구속하시는 은혜를 경험한 사람은 다른 사람을 대하는 태도가 바뀐다는 말입니다.

* * *

출애굽은 하나님이 그분의 백성을 위해 구속자로 행동하실 때 그 범위가 얼마나 크고 넓은지 보여 줍니다. 그리고 예수님의 십자가와 부활은 출애굽의 절정으로서 하나님을 반대하고 그분의 백성을 억압하는 모든 것을 물리치신 승리입니다. 하나님이 우리를 위해 행하신 일은 선교적인 흐름을 만들어 냅니다. 이렇듯 '고엘'로 행동하신 구속자 하나님의 크신 은혜를 받은 우리가 하나님의 성품을 닮아 가는 공동체로 살아갈 때, 정의와 평화가 가득한 새 창조의 희망을 보여 줄 수 있을 것입니다.

함께 생각해 보아요

1. 출애굽기 1장을 읽으며 이스라엘 백성이 이집트에서 어떤 삶을 살았는지 살펴보고, 하나님은 고통 속에 살던 이스라엘 백성이 부르짖을 때 구속자, 즉 '고엘'로서 어떻게 행동하셨는지 나누어 보아요.

2. 이스라엘 백성이 이집트에서 나온 것은 노예 생활이 끝남과 동시에 하나님과의 언약 관계 속으로 들어가 새로운 삶을 시작하는 것이었습니다. 하나님을 예배하고, 세상을 향한 하나님의 목적대로 사는 공동체가 되는 것이지요. 우리의 삶은 구원받은 자녀로서 은혜를 기억하며 하나님을 예배하는 삶으로 이어지고 있나요?

3. 신약 성경은 예수님의 죽음을 온 세상을 위한 '출애굽'이 완성되는 것이라고 소개합니다. 출애굽 사건과 십자가 사건은 어떤 공통점이 있는지 함께 나누어 보아요.

4. 예수님은 죄 많은 우리를 살리려고 생명을 내어주셨습니다. 예수님의 희생적인 사랑으로 우리는 하나님의 자녀가 되어 다시 하나님과 가까워질 수 있게 되었습니다. 예수님이 우리에게 베풀어 주신 사랑을 기억할 때, 우리의 마음가짐과 행동이 어떻게 달라질 수 있을까요?

　　우리의 가정과 학교, 교회에서 예수님의 사랑을 기억하며 용서해야 할 대상이 있는지, 우리의 돌봄과 배려가 필요한 친구가 있는지 생각해 보아요.

구속의 은혜로 우리를 죄에서 해방시켜 주시고, 하나님을 예배하는 자녀로 삼아 주셔서 감사합니다. 우리를 구속하신 하나님의 정의롭고 친절하며 따뜻한 성품을 닮아 가길 원합니다. 먼저 우리 주변에 있는 다른 사람들을 사랑하고 섬기며 살게 해 주세요. 그래서 우리가 사랑하는 모습을 보고 살아 계신 하나님이 드러나게 해 주세요.

하나님 자녀들의 TALK

출애굽 사건이랑 예수님의 십자가 사건이 뭐가 비슷하다는 거지?

둘 다 하나님의 구출 이야기야.

출애굽은 이스라엘 백성을 모든 속박에서 해방시킨 사건이거든.

우리는 이집트에서 정치적으로 노예 신분이고,

경제적으로 땅이 없고,

사회적으로 아무 권리가 없고,

영적으로 하나님을 예배 할 수 없지.

하나님 살려 주세요!

신약에서 예수님의 십자가 사건은 우리 죄에서 구출받는 영적인 구원일 뿐이잖아?

아니야. 많은 사람들이 그렇게 생각하지.

예수님의 구원도 정치적, 사회적, 경제적, 영적으로 모든 차원에서 이루어져.

우리의 죄와 함께 하나님을 대적하고 인간을 억압하는 모든 속박에서 해방된다는 의미에서 출애굽하고 똑같아.

아!

6장

세상에서 하나님을 대표하는 우리

하나님은 억압받던 이스라엘 백성을
모세를 통해 이집트에서 구출해 내셨어요.
하나님이 베푸신 기적으로 홍해를 무사히 건넌 이스라엘 백성은
마침내 시내산 아래 모두 모였습니다.
그곳에서 이스라엘 백성은
자신들이 누구인지
또 세상 속에서 무엇을 해야 하는지 듣게 됩니다.

과거의 은혜: 하나님의 구원

모세는 하나님을 만나러 산으로 올라갔습니다. 여호와께서 산에서 모세를 불러 말씀하셨습니다. "야곱 자손들에게 말하여라. 이스라엘 백성에게 전하여라. 너희 모두는 내가 이집트 백성에게 한 일을 다 보았다. 그리고 독수리가 날개로 새끼들을 실어 나르듯 내가 너희를 어떻게 나에게 데리고 왔는가도 보았다. 그러므로 이제 너희가 내 목소리를 듣고 내 언약을 지키면…" (출애굽기 19:3-5상)

하나님이 시내산에서 모세를 통해 이스라엘 백성에게 하신 첫 번째 말씀은, 이스라엘 백성이 이집트를 탈출하여 시내산에 오기까지 하나님이 행하신 과거의 일을 기억하게 하는 말씀이었습니다. 하나님은 억압받는 자기 백성을 불쌍하게 여기시고, 아브라함과 맺은 약속을 지키기 위해 노예 생활로부터 그들을 구출하셨습니다. 이스라엘의 구원은 처음부터 끝까지 모두 하나님의 은혜였지요.

그다음에 하나님은 "자, 내가 한 일을 보았지? 그 응답으로 너희의 순종을 보자꾸나!"라고 말씀하십니다. 순서가 보이나요? 은혜가 먼저입니다. 순종은 하나님이 하신 일에 대한 믿음과 감사로 응답하는 것입니다. 율법에 순종해야만 구원의 은혜를 얻는 것이 아니라, 하나님이 이미 베푸신 은혜에 대한 믿음과 감사가 순종이라는 행동으로 나타나는 것이라는 말입니다. 예수님이 우리를 먼저 사랑해 주셨기 때문에 우리가 말씀에 순종하여 서로 사랑할 수 있는 것과 같습니다.

우리도 이스라엘 백성처럼 역사적 구속 가운데 나타난 하나님의 과거의 은혜를 기억하며, 우리가 무엇을 위해 여기에 있는지 생각할 필요가 있습니다.

미래의 은혜: 하나님의 선교

> 너희는 모든 백성 중에서 나의 보물이 될 것이다. (출애굽기 19:5하)

이집트를 벗어난 이스라엘 백성은 하나님의 은혜로 만나와 메추라기를 먹고, 반석에서 솟아나는 물을 마시며 광야에서 보호를 받았습니다. 무엇보다 그들은 시내산에서 살아 계신 하나님을 만난 특별한 백성이었습니다. 하나님도 이스라엘을 '내 맏아들, 내 보물'이라고 부르시며 특별한 관계임을 언급하셨지요. 그렇다고 하나님이 이스라엘만의 하나님이셨던 적은 없었고, 앞으로도 그런 일은 없을 것입니다. 세계와 모든 민족은 하나님께 속해 있고, 그들을 구원하는 것은 오직 하나님의 결정에 달려 있습니다. 하나님이 특별히 한 민족을 선택하고 구속하신 진짜 목적은 궁극적으로 모든 민족에게 구원을 주시기 위해서거든요. 하나님의 이 큰 그림, 곧 하나님이 모든 민족을 그분의 복의 영역으로 데려오는 위대한 성경 이야기는 지금도 진행 중입니다.

예수님을 믿는 오늘 우리의 이야기도 하나님이 역사 가운데 보여주신 과거의 은혜와 온 세상을 향한 미래의 은혜 사이에 놓여 있습니다. 과거와 미래의 은혜 사이에 있다는 것은 무엇을 의미할까요? 과거와 미래 사이에는 현재가 있습니다!

현재의 은혜: 세상에서 하나님 백성의 책임

너희는 내게 제사장 나라와 거룩한 백성이 될 것이다. (출애굽기 19:6)

하나님은 이스라엘 백성에게 어떤 나라와 백성이 되어야 하는지 구체적으로 말씀하십니다.

제사장

먼저 이스라엘 제사장이 이스라엘 백성에게 어떤 존재였는지 살펴보겠습니다. 제사장은 백성에게 하나님의 율법을 가르쳤습니다. 또 백성들이 죄를 용서받고 다시 하나님께 나아갈 수 있도록 가져온 제물로 하나님께 제사드리는 일을 했지요. 제사장의 일은 하나님과 이스라엘 백성 사이에서 하나님을 백성에게 모셔 가고, 백성을 하나님께 데려가는 것이었습니다. 이렇게 이스라엘 제사장들이 하나님과 그분의 백성을 위해 부름받고 선택받은 것처럼, 이스라엘 전체는 하나님과 모든 민족의 종이 되도록 부름받고 선택받았습니다. 하나님 자녀들의 선교는 세상 가운데서 우리가 하나님의 제사장으로 부름받는 것입니다. 우리를 통해 하나님이 세상에 알려지고, 우리를 통해 하나님은 모든 민족을 그분께로 이끄실 것입니다. 베드로는 우리에게 "너희는 택하신 족속이요 왕 같은 제사장"이라고 말합니다(베드로전서 2:9). 그렇다면 우리는 어떻게 제사장의 역할을 할 수 있을까요?

하나님의 제사장인 우리는 거룩해야 합니다.

거룩

'거룩'은 다르거나 구별된다는 뜻입니다. 하나님이 세상의 신들과 다른 것처럼 하나님을 닮은 이스라엘 백성은 다른 민족들과 구별되고 달라야 했지요.

이스라엘의 거룩함에는 몇 가지 특징이 있습니다.

먼저, 거룩함은 주어진 것입니다. 아브라함을 선택하시고 이스라엘 백성을 이집트에서 구속하신 것과 마찬가지로 거룩함은 하나님이 우리에게 주신 은혜의 선물입니다. 하나님은 자신을 위해 이스라엘을 선택하시고 거룩하게 구별하셨습니다. '성도'는 하나님의 은혜로 거룩하도록 선택받은 사람이라는 말입니다.

둘째, 거룩함은 명령입니다. 하나님은 이스라엘에게 이집트나 가나안의 우상숭배를 따르지 말고, 하나님 나라의 거룩한 백성으로서 구별되게 행동하라고 명령하셨습니다. 신약 성경에서도 그리스도인은 올바른 것을 실천하며 거룩한 삶을 살아야 한다고 말합니다.

> 여러분을 불러 주신 하나님께서 거룩하신 것처럼 여러분도 모든 행동에 거룩한 사람이 되십시오. 성경에도 "내가 거룩하니 너희도 거룩하도록 하여라" 하고 말씀하셨습니다. (베드로전서 1:15-16)

끝으로, 거룩함은 이스라엘 백성이 살아가는 모든 영역에서 서로 사랑하고 정직하며 정의롭게 살 것을 요구합니다. 이스라엘의 거룩함은 하나님의 거룩함을 닮아 삶의 곳곳에 아주 구체적이고 현실적으로 적용되었습니다(레위기 19장).

예수님은 제자들에게 소금과 빛이 되어야 한다고 말씀하셨습니다. 소금과 빛은 속속들이 스며들고 변화시키는 독특한 특징이 있지요? 이스라엘이 거룩하도록 부름받은 것처럼 우리도 소금과 빛이 되도록 부름받았습니다. 우리가 부름받은 곳은 비행기를 타고 가야 하는 멀고 낯선 이국 땅이 아니라 지금 우리가 사는 일상입니다. 하나님은 그곳에서부터 우리가 하나님의 거룩한 성품을 닮아 세상과 다르게 살기를 원하십니다. 그러면 우리는 어떻게 하나님을 닮은 거룩한 백성이 될 수 있을까요?

언약 순종

> 그러므로 이제 너희가 내 목소리를 듣고 내 언약을 지키면, 너희는 모든 백성 중에서 나의 보물이 될 것이다. 온 땅의 백성이 다 내게 속하였지만, 너희는 내게 제사장 나라와 거룩한 백성이 될 것이다. (출애굽기 19:5-6)

모세가 이스라엘 백성에게 하나님의 가르침과 명령을 전해 주었을 때, 이스라엘 백성은 한목소리로 하나님의 말씀을 그대로 따르겠다고 말하며 하나님과 언약을 맺었습니다. 이스라엘은 하나님이 그들에게 이루신 구원의 은혜에 대한 응답으로 하나님과 맺은 언약을 지키며 살아야 합니다.

　마찬가지로 하나님은 이미 우리를 구원하셨고, 우리는 그분의 백성이 되었습니다. 하나님이 베풀어 주신 구원의 은혜에 대한 믿음과 감사로 우리는 말씀에 순종하며 거룩하게 살아야 합니다. 그럴 때라야 모든 민족을 향한 하나님의 구원과 복이 우리를 통해 온 세상으로 흘러갈 거예요.

* * *

우리는 이스라엘처럼 우리를 구속하신 과거의 은혜를 경험한 사람들입니다. 우리는 세상 사람들을 하나님을 예배하는 믿음의 공동체로 초청하는 미래의 선교를 위해 하나님이 사용하시려는 사람들입니다. 우리는 우리에게 주신 구원의 은혜에 응답하여 세상을 향해 하나님을 대표하는 사람들입니다. 그리고 우리는 삶의 곳곳에서 세상과 구별되는 거룩한 삶을 사는 빛과 소금으로 부름받은 사람들입니다.

> 그러나 여러분은 하나님께서 선택하신 민족이며 왕의 제사장입니다. 또 거룩한 나라이며, 하나님께서 홀로 다스리는 나라의 백성입니다. 하나님께서는 그분의 선하심을 선포하게 하시려고, 여러분을 어두움 가운데서 불러내어, 그의 놀라운 빛 가운데로 인도하셨습니다.…그러므로 착하게 사십시오. 그들이 여러분의 선한 행동을 보고 그리스도께서 다시 오시는 날에 하나님께 영광을 올려 드릴 것입니다. (베드로전서 2:9-12)

함께 생각해 보아요

1. 하나님 자녀들의 선교는 세상 가운데서 하나님의 제사장으로 부름받아 순종하는 것입니다. 오늘날 제사장의 의미는 무엇이고, 제사장이 된다는 것은 어떤 의미가 있을까요?

2. 레위기 19장은 하나님의 거룩함을 닮은 삶이 무엇인지 구체적으로 보여 줍니다. 이것은 이스라엘이 유일하신 참 하나님을 예배할 뿐 아니라 삶의 곳곳에서 다른 민족들과 다르게 살고 행동해야 한다는 하나님의 명령입니다. 레위기 19장을 함께 읽고, 우리의 삶에서 하나님의 거룩함을 닮아야 하는 말과 행동은 무엇이 있는지 이야기 나누어 보아요.

3. "하나님은 때마다 적절하게 사람들을 통해 버려졌던 저를 돌보셨어요. 은혜에 감사하며 앞으로도 사랑을 전하는 도구로 살겠습니다." 2016년 6월, 국민일보 신문에 실린 한 전도사님 이야기입니다. 전도사님은 전쟁으로 부모님을 잃고 어려서부터 고아원에서 자랐지만 하나님의 은혜로 사람들로부터 따뜻한 도움을 꾸준히 받았습니다. 그래서 어른이 된 지금 세계 여러 나라 어린이들을 후원하고 있다고 합니다. 이처럼 하나님께 받은 사랑과 은혜를 기억한다면, 하나님과 다른 사람을 대하는 우리의 태도는 어떻게 달라질 수 있을까요?

4. 다른 지방으로 전학을 가게 된 충현이는 끼리끼리 몰려다니는 아이들 사이에서 친구를 사귀지 못해 학교생활이 무척 힘겹습니다. 게다가 낯선 환경에서 스트레스가 심한 탓인지 그나마 좋았던 성적마저 떨어졌어요. 그러자 '아무것도 잘하는 게 없는 나는 정말 쓸모없는 존재야'라는 생각이 들면서 우울해지기 시작했습니다. 우리의 능력이나 쓸모에 따라 구원받을 자격이 달라지는 것인지 함께 이야기 나누어 봅시다.

우리를 모든 죄와 억압에서 구원해 주시고, 하나님의 사랑받는 자녀로 삼아 주셔서 감사합니다. 세상에서 하나님을 대표하는 하나님의 자녀답게, 오늘 우리가 있는 곳에서 거룩한 삶으로 하나님을 드러낼 수 있도록 인도해 주세요. 그래서 하나님께 영광 돌리는 자녀로 살게 해 주세요.

하나님 자녀들의 TALK

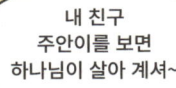

7장

다른 사람을 하나님께로 이끄는 우리

자기력에 대해 들어 본 적이 있나요?
철로 만든 물체를 끌어당기는 힘을 말합니다.
놀라운 것은 하나님께도 끌어당기는 힘이 있다는 사실입니다.
사람들을 하나님의 복의 영역으로 끌어들이는 힘,
이것이 바로 하나님의 자기력입니다!

하나님은 사람들이 하나님께 나아오기를 간절히 기다리고 계십니다. 하나님은 잃어버린 자를 찾으시고 낯선 자를 집에 들어오도록 초대하십니다. 하나님이 그렇게 하시는 주된 방법은 자신의 백성 가운데 친히 거하심으로써 그들이 다른 사람들을 하나님께로 이끌도록 하시는 것입니다. 그들의 존재와 행동의 중심에 하나님을 모시는 것이죠. 하나님이 사람들을 자신의 복의 영역으로 이끄는 구심력을 갖고 계시기 때문에, 하나님과 함께하는 사람들에게는 다른 사람들에게서 찾아볼 수 없는 매력이 있습니다.

호기심을 불러일으키는 하나님의 백성

> 보시오. 내가 여러분에게 나의 하나님 여호와께서 나에게 명령하신 대로 율법과 규례를 가르쳐 주었소. 이것은 여러분이 이제 들어가 차지할 땅에서 그대로 복종하도록 하기 위한 것이오. 마음을 다하여 이 율법에 복종하시오. 이로 말미암아 다른 백성들이 여러분에게 지혜와 슬기가 있음을 알게 될 것이오. 그들은 이 율법에 관해 듣고 '이 위대한 나라 이스라엘의 민족은 지혜롭고 슬기로운 백성이다'라고 말할 것이오. 다른 나라의 신은 그 백성에게 가까이 가지 않지만 우리 하나님 여호와께서는 우리가 기도할 때마다 우리에게 가까이 오신다오. 우리처럼 위대한 나라가 어디 있소? 또한 내가 오늘 여러분에게 주는 것과 같이 이처럼 좋은 가르침과 명령을 가진 위대한 나라가 어디 있소? (신명기 4:5-8)

이스라엘은 지리적으로 아프리카, 아시아, 유럽 대륙의 사이에 있어 여러 나라에 둘러싸여 있습니다. 그래서 주변 여러 나라 사람들은 이스라엘과 하나님 사이에 일어났던 모든 일을 다 볼 수 있었습니다. 이스라엘이 하나님의 길을 따라 살아갈 때 세상 사람들은 이스라엘을 위대한 나라, 지혜롭고 슬기로운 백성이라고 높이 평가할 것입니다. 이스라엘은 다른 나라가 상상할 수 없을 만큼 하나님과 가까운 사이였고, 이스라엘의 율법은 굉장히 정의롭고 지혜가 가득했기 때문이지요. 당시 훌륭하다고 소문난 세계 여러 나라의 뛰어난 법과 제도들을 구약에 나오는 율법과 비교해 보면, 하나님의 율법이 얼마나 자비롭고 정의로운지 알 수 있습니다.

하나님 자녀들의 선교는 주변 사람들이 우리가 예배하는 하나님과 우리의 삶에 매력을 느끼고 호기심을 갖도록 만드는 것입니다. 눈에 보이지 않는 하나님께 관심을 갖게 하기 위해서는 하나님의 자녀들이 정의롭고 지혜가 가득한 하나님의 말씀을 따라 세상과 다르게 살아가야 합니다.

하나님께 모여드는 세상 사람들

솔로몬은 성전 건축을 끝낸 후, 하나님께 첫 예배를 드립니다. 약속을 지키시는 하나님께 찬양을 올려 드린 후, 이스라엘 백성이 성전에 와서 하나님의 도움을 구할 때 응답해 달라는 기도를 하면서 하나님께 놀라운 요청을 합니다.

> 이스라엘에 속하지 아니한 외국인이 주의 크신 이름과 주께서 행하신 큰일에 대해 듣고 먼 땅에서 와서 이 성전을 향하여 기도하면, 주께서는 하늘에서 그들의 기도를 들으시고 그들이 구하는 대로 이루어 주십시오. 그러면 주님의 백성 이스라엘처럼 온 땅의 백성이 주님을 알고 주님을 두려워할 것입니다. 또한 제가 지은 이 성전이 주님의 이름이 있는 곳임을 알게 될 것입니다. (열왕기상 8:41-43)

솔로몬은 온 세계가 살아 계시고 유일하신 참 하나님의 이름을 알기 원했습니다. 이방인들이 하나님의 이름을 듣고, 멀리서부터 와서 스스로 하나님을 예배하고 기도하면 하나님이 그들의 기도를 들으시고 응답하실 거라 생각했습니다. 그렇게 되면 하나님의 이름은 더욱 멀리 퍼져 나갈 것이기 때문입니다.

솔로몬의 생각은 성경 이야기 속에서 사실로 증명되었습니다. 룻과 나아만을 비롯하여 누가복음에 나오는 로마 백부장과 사도행전의 고넬료까지 모두 이방인이었지만 마음이 끌려서 그분을 경배했습니다. 그리고 하나님은 정말로 이들의 기도를 듣고 응답해 주셨습니다! 살아 계신 하나님은 땅끝에서부터 사람들을 자신에게로 모으시고, 예배와 기도를 불러일으키시는 분입니다.

감탄할 만한 매력이 있는 하나님의 백성

하나님은 예레미야에게 장식용 띠를 사서 그것을 허리에 매라고 하십니다. 아마도 사람들은 멋진 띠를 매고 다니는 예레미야를 주목했을 지도 몰라요. 그런데 하나님은 예레미야에게 그 띠를 강가에 묻으라고 하십니다. 몇 달 후 그것을 파냈을 때, 그 멋진 띠는 썩은 누더기가 되고 말았습니다.

"나 여호와가 말한다. 띠가 사람의 허리를 동여매듯이 내가 이스라엘 온 백성과 유다 온 백성을 내게 동여매고 그들을 내 백성으로 삼아, 내게 명예와 찬양과 영광을 돌리게 하였으나 내 백성은 내 말을 들으려 하지 않았다." (예레미야 13:11)

하나님은 그분의 백성을 입기 원하십니다! 단순한 옷이 아니라 그분의 명예와 영광을 드러내는 멋진 옷으로 입기 원하십니다. 눈부시고 화려한 드레스를 입은 신부가 결혼식장에 들어서면 하객은 그 아름다움을 칭찬하지요? 그러나 화려한 드레스는 신부의 아름다움을 돋보이게 해 줄 뿐, 실제로 칭찬받는 것은 주인공인 신부입니다. 빛나는 옷은 그것을 입은 사람에게 기쁨과 칭찬을 가져다줍니다.

이처럼 하나님은 이스라엘이라는 멋진 옷을 입고, 온 세상으로부터 찬송과 영광을 받기 원하십니다. 혹시 하나님이 '나는 그와 같은 사람들은 입을 수 없다'고 생각하시지는 않을지 돌아봅시다. 우리는 우리를 입으신 하나님을 돋보이게 하는, 감탄할 만한 매력을 가지고 있나요? 그 매력 또한 하나님이 갖추어 주시니 염려하지 말아요. 구원의 은혜를 통해 썩은 누더기 띠와 같은 더러운 죄가 깨끗하게 될 때, 우리는 비로소 하나님이 입고 싶어 하실 만한 특별한 옷이 되는 것이랍니다.

예배하러 나아오는 세상 사람들

> 예루살렘아, 일어나 빛을 비추어라. 네 빛이 이르렀다. 여호와의 영광이 네 위에 떠올랐다. 밤처럼 짙은 어둠이 온 땅의 백성들을 덮을 것이나, 오직 여호와께서 네 위에 떠오르시며, 주의 영광이 네 위에 나타날 것이다. (이사야 60:1-2)

며칠에 걸쳐 등산할 때면 해가 지기 전 산장을 찾습니다. 어둑어둑한 산길을 따라가다 나무 사이로 저 멀리 산장의 불빛이 보이면, 지쳐 있던 등산가는 반가움에 힘이 솟지요.

이사야 60장은 지친 등산가에게 손짓하는 산장의 빛처럼 온 세상을 환영하는 하나님의 빛에 관한 이야기입니다. 모든 사람이 어둠 가운데 있을 때 하나님은 빛으로 오셨습니다. 그 빛은 이스라엘 백성과 온 세상이 하나님을 예배하도록 이끄는 빛입니다.

빛으로 오신 하나님이 이스라엘 백성을 구원하시면 그때까지 어둠 속에 있던 세상은 하나님이 이루신 구원을 보고 이끌려 하나님께 나아옵니다(4, 9절). 단지 이스라엘 백성만이 아니라 아브라함에게 약속하신 모든 민족이 구원에 감사하여 가장 귀중한 것을 선물로 가지고 옵니다(5, 9, 11절). 예수님이 태어나셨을 때 동방박사들이 예수님께 선물을 가져왔던 것처럼 말입니다. 그리고 온 세상이 하나님께 나와서 찬양과 예배를 드리며 살아 계신 하나님이 어떤 분이신지 알게 될 것입니다(6, 7, 9, 13절).

하나님은 예수님 안에서 자기 백성의 구세주로 구원의 빛을 밝혀 주셨습니다. 그 빛에 이끌려 나온 사람들의 찬양과 예배는 지금도 계속됩니다.

그러나 아직 끝난 것은 아닙니다. 이사야는 하나님이 다스리시는 새 창조의 날을 묘사합니다. 그날은 정의롭고 평화가 찾아온 세상, 폭력과 전쟁이 끝나고 백성들이 의롭게 되어 하나님의 영광을 드러내는 세상입니다. 이 소망을 품은 우리가 지금 해야 할 일은 무엇일까요? 바로 '하나님의 빛을 비추는' 것입니다. 하나님의 빛의 매력, 곧 정의와 긍휼을 실천하는 빛 말입니다.

인정받는 하나님의 백성

> 이와 같이 너희 빛을 사람들에게 비춰라. 그래서 사람들이 너희의 선한 행동을 보고 하늘에 계신 너희 아버지께 영광을 돌리게 하여라.
>
> (마태복음 5:16)

예수님은 어느 날 제자들에게 "너희는 세상의 빛이다"라고 말씀하시며 빛이 된다는 것을 정확하게 설명해 주셨습니다. 예수님의 제자들은 눈에 잘 보이는 매력적인 빛을 비추어야 합니다. 그 빛은 선행으로 이어집니다. 그리고 사람들을 하나님께로 이끌어 하나님이 영광을 받으시게 합니다. 예수님이 부활하신 후의 초대교회에도 이러한 빛의 특성이 나타났습니다.

> 믿는 사람들은 다 함께 모여 모든 물건을 공동으로 사용하며 살아갔습니다. 그들은 재산과 모든 소유를 팔아서 필요한 사람들에게 나누어 주었습니다. 그들은 날마다 한마음으로 성전 뜰에 모였습니다. 그리고 집집마다 돌아가며 함께 모여 기쁘고 순수한 마음으로 식사를 같이 하였습니다. 그들은 하나님을 찬양하였으며, 모든 사람에게서 칭찬을 받았습니다. 주님께서는 구원받는 사람을 날마다 늘어나게 하셨습니다.
> (사도행전 2:44-47)

* * *

하나님 자녀들의 선한 행동은 아름답고 매력적입니다. 그것은 다른 사람들이 하나님을 볼 수 있게 해 주는 빛과 같습니다. 하나님 자신이 정의와 긍휼로 빛나시기 때문에, 하나님이 함께 계시면 그 빛으로 우리가 먼저 변화됩니다. 그리고 하나님을 닮은 우리의 행동을 보고 하나님을 알지 못하던 사람들이 참 하나님을 알게 되어 그분을 예배하게 될 것입니다!

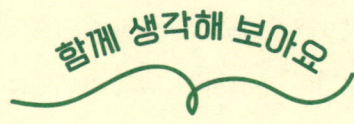 

1. 하나님은 세상 사람들이 하나님 백성의 삶을 보고 호기심을 갖기를 원하십니다. 요즘 우리 자신과 우리가 속한 교회는 어떤 모습으로 사람들의 호기심을 끌고 있나요?

2. 다윗과 모세 같은 수많은 성경의 인물과 하나님을 만난 많은 사람이 하나님의 빛에 이끌려 그분을 찬양했습니다. 하나님의 빛의 특징은 무엇이고, 그것은 내 삶에서 구체적으로 어떻게 나타나고 있나요?

3. 하나님은 이스라엘이라는 멋진 옷을 입고, 온 세상으로부터 찬송과 영광을 받기 원하십니다. 그 매력 또한 하나님이 갖추어 주시죠. 하나님을 돋보이도록 만드는 감탄할 만한 매력이 있는지 한 가지씩 찾아 이야기 나누고 서로 격려해 보아요.

4. 진성이는 아파서 며칠 결석을 했습니다. 다음날, 지난 시간 배운 수업 내용으로 수행평가를 한다는 말에, 평소 수업도 열심히 듣고 공부도 잘하는 승호에게 필기한 것을 보여 줄 수 있는지 물었습니다. 하지만 승호는 필기를 제대로 하지 못했다는 이유로 거절했습니다. 알고 보니 승호는 진성이가 더 좋은 성적을 받을까 봐 거짓말을 했던 거예요.

승호는 진성이에게 일요일마다 교회에 함께 가자고 말했던 친구였는데, 그 일로 진성이는 교회에 다니는 사람에 대해 좋지 않은 이미지를 갖게 되었습니다. 세상은 하나님의 자녀인 우리를 통해 하나님을 만납니다. 우리는 어떤 행동으로 다른 사람들에게 하나님을 소개했는지 이야기 나누어 볼까요?

빛이신 하나님, 언제나 우리와 함께 계시며 그 빛으로 우리를 변화시켜 주시니 감사합니다. 주님의 정의와 긍휼의 빛이 오늘도 우리 안에서 빛나기를 기도합니다. 그 빛이 다른 이들에게도 비추어, 세상 사람들이 주님을 닮은 우리의 선한 행동을 보고 하나님을 볼 수 있기를 기도합니다. 그래서 좋으신 하나님을 다 함께 예배하고 찬양할 수 있게 인도해 주세요.

하나님 자녀들의

8장

살아 계신 한 분 하나님과 구세주를 아는 우리

이스라엘 백성에게 '하나님을 안다'는 것은
'하나님께 순종하는 삶'과 연결된 문제였습니다.
그들이 사랑과 용서의 하나님을 경험하고 알았다면
그들도 주위 사람들을 사랑하고 용서해야 해요.
그러면 사람들은 자연스럽게
사랑과 용서의 하나님을 알게 됩니다.
하나님을 아는 것은
하나님 자녀들의 선교와 어떤 관계가 있을까요?

사도행전에서 일어난 이야기

등장인물: 사람1, 사람2, 걷지 못하는 사람, 베드로, 요한, 종교 지도자

사람1 들었어? 몇 주 전에 십자가에 처형당한 예수가 살아났다네. 원 참! 누가 그런 허튼소리를 하는 거지?

사람2 부활한 예수를 봤다는 사람도 있고 예수와 대화를 나눴다는 사람도 있지 뭐야. 쳇! 예수가 살아났다고? (성전 문 앞의 구걸하는 자를 가리키며) 차라리 저 앉은뱅이가 일어났다고 하지! 하하!

사람1 왜 아니겠어? (걷지 못하는 사람을 힐끗 쳐다보며) 쯧쯧, 태어나면서부터 못 걸었다지?

걷지 못하는 사람 (베드로와 요한을 바라보며) 선생님! 기도하러 가시는 분들 맞지요? 하나님의 자비를 베풀어 주십쇼. 한 푼만 던져 줍쇼.

베드로 (걸음을 멈추어 걷지 못하는 사람을 눈여겨보며) 이보시오. 우리를 보시오.

걷지 못하는 사람 (베드로와 눈이 마주치자 기대에 찬 눈빛으로 간절히 두 손을 뻗으며) 예예~ 선생님! 불쌍히 여겨 주십시오. 한두 푼이면 됩니다. 하나님의 자비는 비같이 내린다지요?

베드로	은과 금은 내게 없소. 하지만 내게 있는 것을 주겠소. (걷지 못하는 사람의 손을 잡아 일으켜 세우며) 나사렛 예수 그리스도의 이름으로 일어나 걸으시오.
사람2	(깜짝 놀라며 걷지 못하는 사람을 가리킨다) 아아…저…저길 보게. 일어나 걷고 있어!
사람1	갑자기 무슨 말인가? 일어나 걷고 있다고? 누가? (고개를 돌려 걷지 못했던 사람이 껑충껑충 뛰어다니는 것을 보고 입을 다물지 못한다.)

**걷지 못했던 사람이 하나님을 찬양하며 뛰어다니자
사람들이 놀라 몰려든다.**

사람2	아니 이럴 수가! 조금 전까지 앉아서 구걸하던 그 사람 아닌가?
사람1	(넋을 잃고) 그래. 태어날 때부터 지금까지 한 번도 걸어 보지 못한 바로 그 사람!
베드로	(모인 사람들에게) 여러분, 왜 이 일로 놀라십니까? 우리의 능력으로 이 사람이 걷게 되었다고 생각하십니까? 몇 주 전, 여러분은 생명의 주님을 죽였습니다. 하지만 하나님께서 그분을 죽은 자 가운데서 살리셨습니다. 우리는 이 일의 증인입니다. 여러분 모두가 보신 것처럼 예수님의 이름과 그분을 믿는 믿음으로 이 사람이 완전히 치료를 받았습니다.

**사람들이 다시 웅성거린다.
유대 종교 지도자들과 당국자들이 베드로와 요한 앞에 서 있다.**

종교 지도자 (식은땀을 닦으며) 어서 저들을 잡아 감옥에 가두시오.

이튿날, 산헤드린 의회

종교 지도자 (위협하며) 도대체 너희가 무슨 능력으로, 아니 누구의 이름으로 이런 일을 했느냐?

베드로 여러분은 지금 태어날 때부터 걷지 못한 사람이 어떻게 낫게 되었는지 묻는 것입니까? 그렇다면 이것을 아십시오. (걷게 된 사람을 가리키며) 하나님께서 다시 살리신 나사렛 예수 그리스도의 이름으로 이 사람이 완전히 치료를 받아 여러분 앞에 서 있는 것입니다.

침묵이 흐른다.

종교 지도자 (아주 작은 소리로 옆 사람에게) 벌써 많은 예루살렘 사람이 그를 보았고 우리 또한 그를 보았으니 이를 어쩌면 좋소? 그것을 부인할 수 없으니….

베드로 (더욱 힘주어) 예수 외에는 다른 어떤 이에게서도 구원을 받을 수 없습니다. 걷지 못했던 사람이 나은 것을 우리가 부인할 수 없듯이 나사렛 예수의 부활도 부인할 수 없는 사실입니다. 우리는 우리가 보고 들은 것을 말하지 않을 수 없습니다.

신명기에서 일어난 이야기

> 어떤 백성이 하나님께서 불 가운데서 말씀하시는 것을 듣고 여러분처럼 살아남은 일이 있었소? 어떤 신이 한 나라를 다른 나라로부터 이끌어 낸 적이 있었소? 여러분의 하나님 여호와께서는 시험과 표적과 기적과 전쟁과 위엄으로 여러분을 이집트 땅에서 이끌어 내셨소. 여호와께서는 여러분이 보는 앞에서 여러분을 위하여 크신 능력과 힘으로 그 일을 행하셨소. (신명기 4:33-34)

가나안은 우상이 가득한 곳이었습니다. 이스라엘 백성이 약속의 땅 가나안으로 들어가기 직전, 모세는 하나님이 다른 나라가 경험하지 못한 방법으로 이집트에서 이스라엘을 구속하시고, 시내산으로 이끌어 내신 사건을 기억하라고 말합니다.

이집트에서 이스라엘 백성이 탈출한 사건은 누구도 부인할 수 없는 가장 위대한 역사적 경험으로, 이스라엘 백성은 강하고 전능하신 구원의 하나님을 알게 되었습니다. 또 이스라엘 백성은 시내산에서 자신을 보여 주시고 말씀하시는 하나님을 경험함으로 하나님의 이름과 성품을 알았고, 구속받은 백성답게 살도록 주신 율법과 언약을 통해 하나님의 마음을 알았습니다. 하나님을 아는 것은 소수의 몇 명만 아는 비밀이나 개인적인 발견 혹은 오랜 종교 생활을 통해 얻을 수 있는 깨달음이 결코 아닙니다. 우리가 알고 있는 것은 무엇이든 실제 일어난 사건들에 근거해 아는 것이며, 그 사건들에 대한 해석은 바로 성경을 통해 우리에게 주어집니다.

다른 하나님은 없다

> 여호와께서 여러분에게 그 일들을 보여 주신 것은 여호와만이 하나님이요, 여호와 외에 다른 하나님은 없다는 것을 보여 주시기 위함이오.
> (신명기 4:35)

이스라엘 백성이 '출애굽'과 시내산 사건과 같이 유례없이 독특한 경험을 했던 것은, 그들이 알아야 할 중요한 것이 있었기 때문입니다. 그것은 오직 여호와*만이 하나님이시며 하나님 외에는 다른 신이 없다는 것입니다. 두 사건을 통해 하나님은 자기 백성을 긍휼히 여기시고, 은혜로 구속하시며, 하나님만을 사랑하고 섬길 것을 요구하시는 분임을 보여 주셨습니다.

하나님이 다른 신과 다르다는 것을 우리는 어떻게 알까요? 능력과 지혜로 온 세상을 창조하시고 다스리시는 하나님. 약속한 말씀을 지키시고, 자신의 백성을 구원하시며, 죄를 용서하시는 하나님. 이렇게 역사 가운데 행동하시는 하나님을 보고 우리는 세상의 신과는 비교할

● 구약에서 다른 모든 신과 구별되는 살아 계신 한 분 하나님을 강조할 때 사용되는 하나님의 이름입니다. 하나님은 시내산에서 이 이름으로 자신을 소개하시며, 이스라엘에게 유일한 구원의 길은 하나님 한 분밖에 없다는 사실과 긍휼과 정의의 하나님 되심을 보여 주셨습니다.

수 없는 하나님을 알 수 있을 것입니다. 그러한 하나님을 우리가 삶에서 경험할 때, 모세처럼 "주와 같은 분이 어디에 있을까?"라고 고백할 것입니다.

실제로 하나님과 비교할 수 있는 것은 온 우주에 아무것도 없습니다. 비교할 수 없는 유일하신 하나님! 마침내 온 세상과 모든 민족이 살아 계시고 유일하신 참 하나님을 예배하게 될 것입니다.

다른 구세주는 없다

> 예수님 외에는, 다른 어떤 이에게서도 구원을 받을 수 없습니다. 하나님께서는 온 세상에 우리가 구원받을 만한 다른 이름을 주신 적이 없습니다. (사도행전 4:12)

> 나 외에 다른 하나님은 없다. 나만이 의로운 하나님이며 구원자다. 나 외에 다른 하나님은 없다. 온 땅의 사람들아, 내게 돌아와 구원을 받아라. 내가 하나님이다. 다른 하나님은 없다. (이사야 45:21-22)

베드로는 유대인의 최고 의결 기관인 산헤드린 의회*에서 여호와와 예수님을 동등한 분으로 말했습니다. 그는 자신과 그곳에 모인 사람

● 유대 사회에서 최고 법원 역할을 했던 의결 기관입니다. 대제사장을 최고 지도자로 하여 제사장, 장로, 서기관 들로 구성되었고, 이스라엘의 종교 생활, 일상생활에 관해 재판하는 역할을 담당했습니다.

들이 믿고 있었던 이사야서에 나오는 여호와에 대한 진리를 예수님에게 적용했습니다. 그 말에 충격을 받은 사람들은 하나님을 모독하는 것으로 생각했지요. 하지만 베드로는 부활하신 예수님이 이제 모든 사람의 유일한 구세주가 되셨다고 말합니다. 그리고 그 이름은 "만군의 여호와 하나님"처럼 구원하는 능력을 가진 유일한 이름이라고 말이지요.

온전한 헌신

오늘날에도 예수님을 유일한 구세주로 받아들이지 않는 사람들이 많습니다. 예수님에 대해 한 번도 들어 보지 못한 사람들도 많고, 우리 주변은 온갖 우상숭배의 문화로 가득합니다. 이러한 상황 가운데 하나님 자녀들의 선교는 하나님이 유일하시다는 진리에서 출발하고, 우리는 그것을 깨닫고 알리도록 부름을 받았습니다. 이 진리에 온전히 헌신하도록 부름을 받았다는 말입니다.

우리가 말하는 분명한 진리, 즉 하나님 외에는 다른 신이 없고, 온 세상에 구원받을 만한 다른 이름을 우리에게 주신 일이 없다고 단호히 말하는 것은, 단지 세상의 수많은 종교 가운데 한 종교가 펼치는 교만한 주장이 아닙니다. 그것은 온 세상을 구원하기 위해 하나님이 어디서, 어떻게, 누구를 통해 행동하셨는지를 말해 주는 구약과 신약 성경에 증언된 진리입니다.

하나님은 우리를 하나님의 선교에 함께 참여하도록 불러 주셨습니다. 우리가 하나님을 깊이 알고, 구세주의 사랑에 푹 잠길 때 하나님께 온전히 헌신하고 싶은 마음이 자연스럽게 생길 것입니다. 그 마음에서부터 하나님 자녀들의 선교는 시작됩니다.

성경에는 이스라엘이 경험한 독특한 사건들, 즉 나사렛 예수의 삶과 죽음, 부활 사건을 직접 경험한 사람들의 증언이 기록되어 있습니다. 복음은 이런 사건들을 통해 살아 계신 하나님이 온 세상을 구속하기 위해 행동하셨고, 그와 같은 구원을 줄 수 있는 다른 하나님, 다른 구세주는 없다고 말합니다.

이제 하나님은 이 모든 것을 알고 있는 우리에게 마음과 뜻과 힘을 다해 이 진리를 위해 살아가라고 말씀하십니다.

> 이스라엘 백성들이여, 들으시오. 우리 하나님 여호와는 오직 한 분뿐이신 여호와시오. 여러분의 하나님 여호와를 마음과 뜻과 힘을 다하여 사랑하시오. (신명기 6:4-5)

함께 생각해 보아요

1. 이스라엘 백성이 약속의 땅 가나안으로 들어가기 직전, 모세는 하나님이 이집트에서 이스라엘을 구출하여 시내산으로 이끌어 내신 사건을 기억하라고 말합니다. 이스라엘이 경험했던 역사적 사건을 통해 알아야 할 진리는 무엇인가요?

2. 예수님의 삶과 죽음, 부활을 목격한 제자들은 예수님을 전하지 않을 수 없었습니다. 친구들에게 말하고 싶은 예수님은 어떤 분인지 이야기해 보아요.

3. 서희는 선교단체 수련회에서 선교사가 되겠다고 손을 들었습니다. 그런데 수련회가 끝나고 일상생활로 돌아오니 섣불리 손을 든 것 같아서 조금씩 마음이 흔들리기 시작했고, 선교사가 되지 않으면 거짓말쟁이가 될 것 같았습니다. 그래서 그 뒤로 교회에 가서 예배를 드리는 내내 마음이 불편했습니다. 서희의 고민을 어떻게 해결할 수 있을까요?

4. 민성, 정환, 지유는 학교에서 친하게 지내는 친구들입니다. 어느 날 지유는 친구들을 전도하기 위해 오직 예수님을 믿어야 구원받을 수 있다고 말했어요. 그러자 다른 종교 배경에서 자라 온 민성이와 정환이는 왜 예수님만 믿어야 하냐며 지유에게 따지듯 물었습니다. 지유가 친구들과 좋은 관계를 유지하면서 유일하신 구세주 예수님을 전할 수 있는 방법이 있을지 이야기해 보아요.

온 땅의 주인이시고 온 세상을 다스리시는 하나님의 이름을 높여 드립니다. 오직 예수님만이 우리의 구원자 되심을 믿습니다. 살아 계신 한 분 하나님을 날마다 더욱 알아가고, 구원자 되신 예수님의 사랑을 더욱 깊이 경험하길 원합니다. 하나님의 이름과 사랑을 온 세상에 알릴 수 있도록 지혜와 용기를 부어 주세요.

9장

살아 계신 하나님을 증거하는 우리

우리는 지난 장에서 살아 계신 하나님에 대해 배웠습니다.
우리가 경험한 하나님의 사랑과 구원의 은혜는
누구도 부인할 수 없는 진리입니다.
그렇다면 내가 아는 이 하나님을 알리려면
어떻게 해야 할까요?
과연 누가 하나님을 제대로 말하고 증거할 수 있을까요?

두 가지 문제

수영이는 하나님에 대해 한 번도 들어 본 적이 없습니다. 교회에 가 본 적도 없어요. 가족은 물론, 친척들조차 기독교와 관련된 사람이 아무도 없습니다. 수영이의 단짝 친구 지민이는 하나님에 대해 알고 있습니다. 어릴 때 세례도 받았고 교회학교도 다녔습니다. 하지만 언제부터인가 교회를 다니지 않게 되었고, 좋지 않은 습관이 몸에 배어서 겉으로 봤을 땐 하나님을 믿는 사람인지 아닌지 구분이 안 됩니다. 어느 날 수영이와 지민이는 기독교에 관해 이야기할 기회가 생겼습니다. 하지만 수영이는 하나님을 몰랐고, 지민이 역시 하나님을 제대로 믿지 않고 있어서 서로 이야기를 꺼내다 말았습니다.

구약 성경 이사야서에도 이와 비슷한 내용이 나옵니다.

그 배경은 다음과 같습니다. 이스라엘은 아브라함의 복을 받았지만 하나님의 백성답게 살지 못했고, 복의 통로가 되는 역할도 하지 못했습니다. 말씀에 순종하지 않았지요. 예언자들이 여러 번 경고했지만, 이스라엘은 잘못된 삶을 돌이키지 않았습니다. 결국 하나님은 바빌론을 통해 이스라엘을 심판하셨고, 이스라엘 백성은 포로로 끌려갔습니다. 이후 몇십 년이 흘렀습니다. 하나님은 여전히 아브라함의 자손을 통해 모든 민족에게 복을 주시려는 계획을 포기하지 않으셨지만 하나님의 계획을 가로막는 두 가지 큰 문제가 있었습니다.

세상 나라와 민족들이 온 세상을 다스리시는 하나님을 도무지 알지 못한다는 것과, 이스라엘이 하나님을 증거할 수 있는 상태가 아니라는 것이었습니다.

> 눈이 있으나 보지 못하는 백성, 귀가 있으나 듣지 못하는 백성을 데려오너라. 모든 민족들아, 다 모여라. 그들의 신 가운데 누가 이 일이 일어날 것을 말하였느냐? 어떤 신이 옛날에 무슨 일이 일어났는지 우리에게 말할 수 있겠느냐? 그 신들은 증인을 데려다가 자기들이 옳음을 증명해야 한다. 다른 사람들이 듣고 '그 말이 옳다'라고 말하게 해야 한다. 여호와께서 말씀하신다. "이스라엘아, 너희는 내 증인이며 내가 선택한 종이다. 내가 너희를 선택한 것은 나를 알고 믿게 하려는 것이며, 내가 참 하나님임을 깨닫게 하려는 것이다. 내 앞에 다른 하나님이 없었고, 내 뒤에도 다른 하나님이 없을 것이다." (이사야 43:8-10)

세상 나라는 하나님을 모릅니다. 세상 사람들이 믿는 신들은 우리가 보기에는 헛된 것에 불과하지만 사람들은 모르고 있습니다. 이들은 하나님을 알아야 하고 진리를 보고 들어야만 하지요.

하지만 세상에 '진리의 빛'을 비추어야 하는 이스라엘도 하나님을 모르는 다른 나라들과 다를 바 없는 상태였습니다. 성경은 이러한 이스라엘을 눈이 있으나 보지 못하고 귀가 있으나 듣지 못하는 상태라고 표현합니다. 이스라엘에게는 더 이상 기대할 것이 없었습니다. 그런데 놀라운 일이 일어납니다. 하나님은 이스라엘을 자신의 증인으로 다시 부르십니다!

증인으로 부름받은 이스라엘

하나님의 증인은 무슨 일을 할까요?

하나님의 증인은 하나님을 모르는 세상 사람들에게 하나님이 어떤 분이신지에 대해 자신이 경험한 하나님을 그대로 전하는 사람입니다. 우리가 하나님의 증인이라고 할 때 그 지위는 엄청난 거예요.

실제로 이스라엘에게도 증인이 된다는 것은 책임감이 따르는 중요한 일이었습니다. 구약 성경에 나오는 율법에 따르면, 법정에서 자기가 보거나 들은 어떤 문제에 대해 증언하지 않는 것은 죄로 여겨졌습니다. 그런데 이사야서에서 하나님은 온갖 거짓말과 죄를 행한 이스라엘을 '나의 증인'이 되라고 부르십니다. 우리 같으면 가장 믿음직하고, 말 잘 듣는 사람을 증인으로 세울 텐데 말이지요.

동시에 하나님은 이스라엘을 '나의 종'이라고 부르십니다. 하나님이 이스라엘을 그분의 종으로 부르신 이유는, 그분의 증인이 되게 하려는 것이었습니다. 하지만 하나님을 증거할 때는 권력을 휘두르듯 힘을 내세우는 것이 아니라, 온유하고 부드럽게 섬기는 종의 자세로 해야 합니다.

오늘날 아브라함의 믿음의 자손이 된 우리도 살아 계신 하나님을 증거할 때, 이 종의 성품을 기억하고 실천해야겠지요.

한편 하나님에 대해 증언할 때 우리에게도 유익한 점이 있습니다. 증언하는 과정에서 우리가 다시 하나님을 깨닫고, 신뢰하여 믿음이 더욱 자라나게 됩니다. 마치 남을 가르치면서 공부를 하면 자신의 학습 효과가 높아지는 것처럼, 다른 사람에게 하나님을 증언할 때 듣는 사람의 믿음뿐 아니라 하나님을 향한 우리 자신의 믿음도 한층 단단해지는 것을 발견하게 될 것입니다.

무엇을 증거할까요?

> 여호와께서 말씀하신다. "이스라엘아, 너희는 내 증인이며 내가 선택한 종이다. 내가 너희를 선택한 것은 나를 알고 믿게 하려는 것이며, 내가 참 하나님임을 깨닫게 하려는 것이다. 내 앞에 다른 하나님이 없었고, 내 뒤에도 다른 하나님이 없을 것이다. 내가 바로 여호와이다. 나 말고는 구원자가 없다.…너희는 내 증인이다. 내가 하나님이다." 여호와의 말씀이다. (이사야 43:10-12)

첫째, 하나님만이 유일하고 영원한 하나님이십니다. 그분만이 지음을 받지 않았습니다. 그분은 창조주이시기 때문입니다. 또 스스로 신이라 일컫는 존재들보다 더 이전인 영원 전부터 하나님으로 계셨습니다.

둘째, 하나님만이 역사를 다스리시는 분이십니다. 하나님만이 과거를 해석하고 미래를 보여 주십니다. 작가가 자신이 쓴 이야기의 처음과 끝을 아는 것처럼, 하나님은 역사의 시작과 마지막을 아시고 다스리시는 분이십니다.

셋째, 하나님만이 구원자이십니다. 다른 신은 없습니다. 하나님만이 우리를 구원할 능력과 열정이 있으신 유일한 분입니다.

이렇게 크신 능력의 하나님을 온 세상은 어떻게 알 수 있을까요? 하나님은 이 위대한 진리를 바로 우리에게 맡기셨습니다.

신약에서 증인들의 역할

너희는 이 일의 증인이다. (누가복음 24:48)

예수님은 제자들에게 "내 증인이 될 것"이라고 말씀하셨습니다(사도행전 1:8). 그러면 제자는 어떤 사람들이며, 그 제자들은 어떻게 증인 역할을 할까요?

첫째, 예수님을 이 땅에서 직접 본 제자들이 증인입니다. 예수님이 이 땅에 사셨을 때 직접 예수님을 본 사람들을 특별히 '사도'●라고 부릅니다. 신약에 많이 나오는 베드로와 요한 같은 제자들이죠. 그들은 이 땅에 오셨던 예수님의 삶과 사역을 잘 알고 있으며 그분의 죽음과 부활에 대한 증인이 되었습니다.

사실 제자들은 예수님이 잡히실 때 그분을 모른다고 부인하거나 도망가기 바빴습니다. 하지만 예수님은 그들을 끝까지 포기하지 않으시고 오히려 그들이 증인의 역할을 잘할 수 있도록 성령을 선물로 보내

● '보냄받은 자'란 뜻으로, 예수님에 의해 선택받고 부름받아 예수님과 함께 지내면서 예수님의 삶과 죽음, 부활을 목격하고 증거했던 열두 명의 제자를 말합니다. 부활하신 예수님과 특별한 만남을 가졌던 바울도 사도로 부르지요. 복음을 전하는 사도의 권위와 능력은 오직 예수님께로부터 나옵니다.

주셨습니다. 그리고 그들의 증언은 오늘날 우리가 손쉽게 보고 들을 수 있습니다. 바로 성경 말씀을 통해서입니다. 성경을 바탕으로 한다면 그 증거는 더욱 신뢰할 수 있겠죠? 성경은 바로 하나님의 말씀이니까요.

둘째, 앞으로 믿음을 갖게 될 모든 사람이 증인입니다. 믿음은 어떤 것을 직접 보고 들은 자의 증언을 들음으로 생겨납니다. 우리도 예수님을 직접 보지는 않았지만 누군가를 통해 예수님에 대한 말씀을 들어서 믿음이 생기게 되었죠. 그러므로 이 믿음은 다른 이들에게 전달되어야 합니다. 요한복음 4장에 나오는 사마리아 여인은 훌륭한 증인이었습니다. 그녀는 이방인이고 여성이었지만 예수님을 증거했고, 많은 사람이 그녀의 이야기를 듣고 예수님을 믿었습니다.

예수님을 처음 증언한 사람은 제자들이었지만, 오늘날에는 모든 믿는 사람이 성령님의 도움을 받아 예수님에 대한 진리를 증거할 수 있습니다.

* * *

하나님이 이스라엘을 선택하고 부르셔서 하나님의 종이 되게 하신 이유는, 그분의 증인이 되게 하려는 것이었습니다. 그리고 예수님이 오신 후, 제자들과 예수님을 만난 많은 사람이 증인 역할을 했습니다. 예수님을 믿는 사람의 마음에 성령이 계시는 오늘날에는, 하나님의 모든 백성이 증인 역할을 할 수 있습니다. 하나님에 대해 말하는 증언은 참으로 중요한 일이기에 예수님을 믿는 사람은 누구나 증인으로 부름 받았기 때문입니다.

함께 생각해 보아요

1. 하나님은 자신의 백성들을 증인으로 부르십니다. 우리가 하나님을 잘 믿거나 말을 잘하거나 행동이 올바르기 때문에 우리를 증인으로 부르신 것이 아니라 처음부터 우리를 증인으로 부르신 거예요. 하나님은 이스라엘 백성들이 하나님을 모르는 사람들과 별 차이 없이 살고 있음에도 불구하고 '나의 증인'이라고 말씀하셨습니다. 자비롭고 긍휼하신 하나님이 우리를 그분의 증인으로 부르신다는 말씀에 우리는 어떻게 반응하고 있는지 돌아봅시다.

2. 예수님은 제자들에게 "내 증인이 될 것"이라고 말씀하셨습니다. 그들은 예수님의 삶과 죽음과 부활에 대한 증인이 되었고, 성령을 받아 증인의 역할을 잘 수행할 수 있었습니다. 오늘날에는 모든 믿는 사람이 성령님의 도움을 받아 예수님에 대한 진리를 증거할 수 있습니다. 성령님의 도움으로 예수님을 증거하는 것이 왜 중요할까요?

3. 호영이는 최근 친구에게 예수님을 전하면서 부끄러웠던 적이 있었습니다. 교회에 나가자고 어렵게 말은 꺼냈는데, 그다음 무슨 말을 해야 할지 몰라 말문이 막혔기 때문입니다. 호영이처럼 예수님을 전하려고 할 때 가장 어려움을 느끼는 부분은 무엇인가요?

4. 아직 하나님을 알지 못하고 교회에 가 본 적도 없는 수민이는 최근에 유쾌하지 않은 경험을 했습니다. 친한 친구가 같이 교회에 가자고 말할 때마다 당장 예수님을 믿지 않으면 큰 벌을 받는다고 겁을 주면서 자기는 천국에 갈 수 있다고 자랑하는 것이었습니다. 수민이는 그러한 태도가 불쾌하게 느껴졌습니다. 우리는 믿지 않는 친구에게 어떤 자세로 하나님에 대해 전하는지 서로 나누어 보아요.

자격 없음에도 불구하고 우리를 하나님의 증인으로 삼아 주시고, 성경을 통해 참되신 하나님과 예수님께 속한 진리를 알고 믿게 해 주셔서 감사합니다. 일상에서 증인으로 살아갈 때 우리가 담대히 진리를 말하고, 많은 사람을 하나님께 이끄는 데 쓰임받도록 인도해 주세요.

하나님 자녀들의 선교는
나쁜 소식이 넘쳐나는 세상에
좋은 소식을 전하는 것입니다.
그렇다면 좋은 소식의 내용은 무엇일까요?
또 좋은 소식의 전달자가 되는 것은
무엇을 의미할까요?

이스라엘의 역사 안에서 발견한 좋은 소식

아름다워라. 기쁜 소식을 가지고 산을 넘어오는 사람이여. 아름다워라. 평화를 선포하며, 좋은 소식을 가져오고, 구원을 선포하는 사람이여. 아름다워라. 시온에 "네 하나님은 왕이시다"라고 전하러 다니는 사람의 발이여. 들어 보아라! 파수꾼들이 외치고 있다. 그들이 모두 기쁨을 못 이겨 외치고 있다. 여호와께서 시온으로 돌아오실 때, 그 모습을 그들이 눈으로 직접 볼 것이다. 폐허로 변한 예루살렘아, 이제는 소리를 높여 다 함께 기뻐하여라. 여호와께서 자기 백성을 위로하시고, 예루살렘을 구하셨으니 즐거워하여라. 여호와께서 모든 민족에게 거룩하신 능력을 나타내신다. 그때에 이 땅의 모든 사람이 우리 하나님의 구원을 볼 것이다. (이사야 52:7-10)

9장에서 본 것처럼 상상할 수 없는 일들이 일어났던 이스라엘 당시로 돌아가 볼까요? 솔로몬왕 이후 이스라엘은 계속해서 하나님의 말씀에 순종하지 않았고, 하나님은 오래 참으신 후에 바빌론을 통해 이스라엘을 심판하셨습니다. 성전은 무너졌고, 땅은 빼앗겼으며, 백성은 포로로 잡혀가 희망을 잃어버렸지요. 그때 이스라엘은 좋은 소식을 듣게 됩니다.

이스라엘은 이사야 52장에서 평화와 구원의 좋은 소식을 가지고 달려오는 군병의 발을 보게 됩니다(7절). 그 군병이 전하고 다니는 '하나님은 왕이시다'라는 말의 의미는 무엇일까요?

첫 번째로 하나님이 왕으로서 다스리시는 나라는 평화의 나라입니다. 폭력과 갈등, 전쟁이 끝나고, 모든 관계에서 평화를 누리게 되는 나라이지요. 두 번째로 하나님이 왕으로 다스리는 나라는 좋은 나라입니다. 하나님이 맨 처음 세상을 창조하시고 "보시기에 심히 좋았다"라고 말씀하셨던 상태로 모든 것이 회복되는 것입니다. 세 번째로 하나님이 왕으로 다스리시는 나라는 죄와 악, 사탄의 사슬이 깨지고 심판과 죽음의 위험이 사라진 나라입니다. 하나님은 죄와 죽음의 노예였던 우리를 건져 내어 구출해 주십니다.

이제 8절에서 시온*으로 돌아오시는 하나님을 만난 예루살렘 성벽 파수꾼들의 외침을 들을 수 있습니다. 예루살렘이 파괴되고 이스라엘 백성이 포로로 잡혀갔을 때, 포로들만 예루살렘을 떠난 것이 아니었습니다. 에스겔은 환상에서 하나님의 영광이 예루살렘 성을 떠나는 것을 보았습니다. 그런데 이제 바빌론 포로들이 고향 예루살렘으로 돌아올 때 함께 돌아오시는 하나님을 보며, 파수꾼들은 기쁨의 노래를 부르고 있습니다. 하나님은 그분의 백성과 그분의 성으로 돌아오십니다. 성전은 다시 세워지고 예배가 살아날 것입니다.

파수꾼들이 앞서 부른 기쁨의 노래는 구속의 노래가 되어 땅의 모든 사람이 하나님의 구원을 보게 될 것입니다(9, 10절). 하나님은 바빌론에 끌려가서 오랫동안 고통을 겪었던 이스라엘 백성을 위로하십니

● 예루살렘의 작은 산으로, 다윗이 언약궤를 그곳으로 옮겨와 거룩한 산으로 불렸습니다. 세월이 흘러 시온은 예루살렘을 대표하는 이름이 되었고, 바빌론에 포로로 잡혀간 이스라엘 백성이 고향을 가리켜 시온이라고 불렀습니다.

다. 그리고 '출애굽' 사건이 다시 일어나듯, 능력을 나타내셔서 포로 된 이스라엘 백성을 다시 이스라엘 땅으로 돌아오게 해 주셨습니다.

이처럼 하나님은 왕으로 이스라엘을 다스리시고, 돌아오셔서 성전과 예배를 회복시키시며, 이스라엘을 위로하시고 구속해 주셨습니다. 그렇다면 이렇게 회복되고 구속받은 이스라엘 백성을 통해 누가 유익을 얻게 될까요?

바로 모든 민족입니다. 왜냐하면 아브라함의 자손, 즉 이스라엘 백성을 통해 모든 민족이 복을 받을 것이라고 아브라함에게 약속하셨기 때문입니다. 이것이 바로 좋은 소식이라고 불리는 '복음'입니다. 복음은 이스라엘만을 위한 좋은 소식이 아니라 온 세상을 위한 좋은 소식입니다.

이렇듯 온 세상에 위로와 기쁨을 전하기 위해 땅끝까지 퍼져 나가야 하는 하나님 나라의 좋은 소식은 그리스도 안에서 더욱 영광스러운 좋은 소식으로 나타납니다.

예수님 안에 있는 좋은 소식

예수님께서 안식일에 회당으로 가셔서 성경을 읽으려고 일어나셨습니다. 예수님께서는 예언자 이사야의 책을 건네받으시고 책을 펴서 이렇게 기록된 곳을 찾아 읽으셨습니다. "주님의 성령이 내게 내리셨다. 이것은 하나님께서 내게 기름을 부으셔서 가난한 자에게 복음을 전파하게 하려는 것이다. 포로들에게 자유를 선포하고, 못 보는 자들에게 다시 볼 수 있음을 선포하고, 억눌린 사람들에게 해방을 선포하려고 나를 보내셨다. 주님의 은혜의 해를 선포하라고 하셨다." (누가복음 4:16-19)

이 말씀은 좋은 소식을 전하는 기름 부음 받은 사람에 관한 이야기입니다. 얼마나 오랜 세월 동안 회당에서 이 말씀이 읽혔을까요? 랍비*는 이 말씀을 읽으면서 말씀이 가리키는 분이 오셔서 이 말씀대로 행하실 그날을 기다리며 기도하고 믿음을 가지라고 사람들을 격려했을 것입니다. 예수님 당시 이스라엘 백성들은 이 말씀이 가리키는 분이 오셔서 로마의 지배로부터 자유롭게 해 주실 날을 간절하게 기다렸습니다.

그러던 어느 안식일 아침, 예수님이 고향 나사렛에 있는 회당에서 이사야서를 받으시고 이 말씀을 펼쳐 읽으시면서 "이 성경 말씀은 오늘 이 말씀을 듣는 사이에 이루어졌다!"(누가복음 4:21)고 말씀하셨습니다. 예수님은 가난한 사람에게 복음을 전파하고, 보지 못하는 사람들을 볼 수 있게 하며, 억눌린 사람들에게 자유를 주기 위해 하나님이 자신을 보내셨다고 하셨습니다. 이처럼 하나님의 다스리심은 예수님이 오시면서 시작되었고(마가복음 1:14-15), 예수님의 말씀과 하신 일을 통해서 정말로 이루어졌습니다(누가복음 11:20).

예수라는 이름은 '구원'이라는 뜻을 담고 있습니다. 하나님은 예수

• 구약 시대 유대인들이 율법 교사에게 경의를 표하기 위해 쓰던 호칭입니다. 세례 요한과 예수님도 랍비로 불리기도 했습니다.

님의 십자가 구속을 통해 인간의 죄와 분열된 세상의 문제를 해결하셨고, 예수님을 죽은 자들 가운데서 일으키셔서 죽음을 이기시고 승리하셨습니다. 그리스도 예수 안에서 "이 땅의 모든 사람이 우리 하나님의 구원을 볼 것이다"(이사야 52:10)라는 이사야의 좋은 소식이 이루어진 것이지요.

예수 그리스도는 성경에 기록된 하나님의 모든 약속을 이루신 왕이시며 구원자이십니다. 예수 그리스도가 곧 좋은 소식 그 자체이지요. 예수 그리스도 안에서 구체적으로 드러난 하나님 나라는, 역사 속에서 계속 이루어져 가고 있습니다. 씨앗이 자라는 것처럼, 효모가 들어간 빵이 부풀어 오르는 것처럼, 하나님 나라에 '들어간' 우리, 다시 말해 예수 그리스도께 순종하고 그분의 뜻을 따르는 우리를 통해 하나님의 나라는 땅끝까지 퍼져 나갑니다.

오늘 우리에게 임한 복음

"하나님 나라가 왔다!"

예수님은 좋은 소식을 세상에 널리 알리셨습니다. 예수님이 세상에 오셔서 하신 일과 말씀을 통해 하나님 나라가 오늘 우리에게 임한 것이 복음입니다. 이 복음의 전달자가 되는 것이 무엇인지 좀 더 깊게 이해하기 위해, 바울이 다양하게 말한 '복음'이 무엇인지 살펴보려고 해요.

먼저 바울에게 복음은, 하나님이 구원을 이루시기 위해 통로로 삼으신 나사렛 예수에 관한 역사적인 사실이었습니다. 하나님이 성경에 약속하신 모든 것이 예수님 안에서 이루어졌다는 것입니다(고린도전서 15:1-4). 또한 화평하게 하는 십자가 능력을 통해 '이스라엘 가족'만을 의미했던 하나님의 가족 안에 모든 민족이 포함됩니다. 그리하여 새로운 가족, 하나님을 닮도록 지음받은 '새 사람'이 되는 것입니다. '새 사람'은 구원의 은혜에 대해 믿음으로 순종의 열매를 맺으므로 이전과는 다른 변화된 생활방식을 말합니다(에베소서 2:13-18). 마지막으로 복음은 창조에서 새 창조에 이르는 모든 역사와 창조세계를 다스리시고 구속하시는 하나님의 능력입니다. 바울은 우주 만물이 그리스도에 의해 창조되었으며, 그리스도의 십자가를 통해 하나님과 화해할 길을 얻을 것이라고 말합니다(골로새서 1:15-23). 그리스도를 통해 드러나는 하나님의 다스리심은 그 범위가 우주적입니다!

이렇게 복음에 대한 이해가 깊어질수록 우리는 좋은 소식을 감추어 둘 수 없어, 복음을 모르는 사람들과 나라에 복음을 소개하고 전하는 일에 힘쓰게 됩니다.

* * *

복음은 '하나님의 복음'입니다. 하나님이 하나님의 약속을 지키시기 위해, 하나님의 아들을 보내셔서, 하나님의 은혜로, 하나님의 백성을 구원하시는, 영광스러운 하나님의 복된 소식입니다.

함께 생각해 보아요

1. 이사야 52장 7-10절에서 말하는 세 가지 좋은 소식은 무엇이며, 그것은 왜 좋은 소식일까요?

2. 예수님은 가난한 사람에게 복음을 전파하고, 보지 못하는 사람들을 볼 수 있게 하며, 억눌린 사람들에게 자유를 주기 위해 하나님이 자신을 보내셨다고 말씀하셨습니다. 하나님은 예수님의 말씀과 행동을 통해 다스림을 이루셨습니다. 예수님이 시작하신 하나님의 다스림은 인간의 역사 속에서 어떻게 이어져 갈까요?

3. 이 장을 읽고 나서 복음에 대한 이해가 깊어졌나요? 바울이 이해한 복음을 바탕으로 우리는 복음을 어떻게 이해하는지 각자의 말로 표현해 보세요.

4. 로마 클라우디우스 황제 때, 지중해 지역에 3년 넘게 흉년이 지속되어 예루살렘 교회는 극심한 어려움을 겪게 되었습니다. 이 소식을 들은 마케도니아 지역의 교회들은 자신들도 가난과 박해에 시달리고 있었지만, 예루살렘 교회의 어려움을 모른 체하지 않았습니다. 시련 속에서도 기쁨으로 헌금을 해서 가난한 예루살렘 교회를 도와주었습니다. 이처럼 우리가 삶으로 복음을 고백하고 나타내는 방법은 어떤 것들이 있는지 함께 이야기해 볼까요?

하나님, 예수님 안에서 온 세상을 하나님과 화해시키시고, 예수님의 십자가와 부활을 통해 하나님 나라가 이 땅에 임하게 하시니 감사드립니다. 이제 믿음으로 하나님의 다스림을 받는 우리의 삶을 통해 하나님 나라의 좋은 소식이 온 세상에 널리 전파되도록 해 주세요.

11장

보내고
보냄을 받은
우리

여러분은
어떻게 예수님의 이름을 듣고,
믿어서 구원을 받았나요?
부모님이나 친구들 혹은
교회학교 선생님에게서 들었나요?
우리에게 예수님의 이름을 들려준
그 사람들은 우리를 사랑하시는
하나님이 보내신 사람들입니다.

"누구든지 주님의 이름을 부르는 자는 구원을 얻을 것"이기 때문입니다. 그러면 그들이 믿지 않는 분을 어떻게 부를 수 있겠습니까? 또 그들이 들은 적이 없는 분을 어떻게 믿을 수 있겠습니까? 그들에게 선포해 주는 사람이 없는데 어떻게 그들이 들을 수 있겠습니까? 그들이 보냄을 받지 않았다면, 어떻게 선포할 수 있겠습니까? (로마서 10:13-15)

우리가 들은 복음은 우연히 하늘에서 떨어진 것이 아니에요. 온 세상을 향해 특별한 계획을 품고 계신 하나님은, 예수님을 믿으면 구원을 얻을 수 있다는 복음의 메시지를 하나님의 백성에게 담아 세상으로 보내십니다. 하나님이 보내신 사람들을 통해 세상 사람들은 예수님의 이름을 듣게 되지요. 들음으로 믿음이 생기며, 믿음으로 구원에 이르게 됩니다. 온 세상의 구원은 언제나 하나님의 보내심으로부터 시작합니다. 이렇게 하나님의 특별한 계획 가운데 보내고 보냄받는 것이 바로 하나님 자녀들의 선교입니다.

그렇다면 성경에서 하나님이 보내신 사람들은 누가 있을까요? 그리고 그들은 하나님을 대신해서 어떤 일을 하도록 보냄받았는지 알아보도록 하겠습니다.

구원하기 위해 대신 보내심

창세기 45장에는 이집트의 총리가 된 요셉이 자신을 노예로 판 뒤 죽은 줄로 알고 있는 형들에게 자신의 정체를 밝히는 장면이 나옵니다.

요셉은 긴 세월을 지나 만나게 된 형들에게 어떤 말을 했을까요? 요셉은 "하나님이 나를 보내셨다"라는 말을 세 번이나 반복하고 하나님이 많은 백성의 생명을 구원하시려고 자기를 먼저 보내셨다고 말합니다. 사실 요셉은 자신이 원해서 이집트로 간 것이 아니었습니다. 오히려 형들의 악한 행동의 결과로 이집트에 팔려 간 상황이 '하나님의 보내심'이 되었던 것입니다.

우리는 때때로 원하지 않는 곳으로 보냄받아 요셉처럼 고생을 많이 할 수도 있습니다. 비록 당장은 전부 이해할 수 없을지라도, 모든 것을 다스리시는 하나님은 분명한 목적과 선한 계획을 가지고 우리를 한 걸음씩 인도해 주십니다.

요셉이 하나님의 백성을 배고픔에서 구원했다면 모세는 그들을 죽음에서 구원했습니다. 모세는 자기 백성을 불쌍히 여기시고 약속을 지키시는 하나님을 알았고, 이스라엘을 구원하기 위해 자신을 보내신 하나님을 의지했습니다. 그러므로 모세가 한 것은 곧 하나님이 하신 일이 되는 것이지요. 보냄받는 사람은 보내는 분의 권위를 그대로 물려받습니다. 이것이 보내는 분과 보냄을 받는 사람과의 관계에서 중요한 부분입니다.

말하기 위해 대신 보내심

나라의 중요한 일을 알릴 때 대통령이나 정치인들이 사람들을 직접 만나 전해 주는 경우는 드뭅니다. 보통 텔레비전이나 라디오를 통해 온 국민에게 전달되지요.

우리에게 익숙한 대중매체가 없었던 고대 세계에서는, 보낸 사람을 대신해서 소식을 전하는 전달자의 역할이 매우 중요했습니다. 따라서 하나님의 보내심을 받은 예언자들은 하나님의 권위를 갖고 하나님을 대신해서 말한다고 주장했습니다.

하나님을 대신해서 말하기 위해 보냄받은 선지자 중에 이사야가 있습니다. 이사야는 성전에서 예배할 때 높은 보좌에 앉으신 거룩하신 하나님을 보게 되었고, 두려움에 휩싸였습니다. 하나님의 백성답게 살지 못한다고 이스라엘을 꾸짖었던 이사야는, 그들과 다르지 않은 자신의 죄를 깨달았습니다. 하지만 하나님은 이사야의 죄를 깨끗하게 씻어 주셨습니다. 그리고 하나님이 이스라엘 백성에게 말씀을 전하시기 위해 "누가 이것을 전달하지?"라고 찾으실 때, 이사야는 "죄송합니다만, 제가 여기 있습니다. 보내 주신다면 제가 한번 해 보겠습니다"라고 겸손히 답했습니다.

하나님은 이사야가 영웅이나 위대한 선교사 같은 사람이라서 부르시고 보내신 게 아닙니다. 하나님이 얼마나 크신지 알고 겸손해질 때, 하나님 앞에 우리 죄를 고백하고 깨끗하게 될 때, 비로소 하나님은 이제 보냄받을 준비가 되었으니 "가라"고 말씀하십니다.

보통 왕이 보낸 사람의 말은 그를 보낸 왕의 말로 인정받습니다. 그런데 하나님이 보내신 전달자임에도 사람들이 귀 기울여 듣지 않을 때가 종종 있습니다. 이것은 전달자가 치러야 하는 대가 중 하나였습니다. 그 대가는 사람들의 무관심뿐 아니라 괴롭힘을 받아 죽임당하는 것일 때도 있었습니다. 예레미야를 비롯한 많은 선지자는 하나님이 그들을 보내셨다는 사실이, 사람들의 환영이나 맡은 일의 성공을 보장해 주지 않는다는 것을 경험했습니다. 사람들의 거부감이 최고조에 달한 것은, 바로 그들이 몹시 기다리던 하나님의 아들인 예수님을 거부할 때였지요.

하지만 희망은 있습니다. 전달자가 맡은 일의 성공 여부는 하나님께 달려 있기 때문입니다. 오늘날의 선교사들도 보냄받은 일에 성공하지 못할 수도 있습니다. 하지만 선교사를 통해 보내신 하나님의 말씀은, 하나님이 계획하신 그대로 전부 열매를 맺는 '완전한 선교사'입니다. 또한 부활하신 예수님이 보내신 성령님은 제자들이 능력 있는 선교를 하도록 도와주십니다. 하나님의 선교는 성령과 말씀을 통해 일하시는 하나님의 능력에 의해서 완전하게 이루어집니다.

보내시는 하나님

하나님의 보내심은 성부 하나님, 성자 하나님, 성령 하나님 모두의 활동입니다.

먼저, 성부 하나님은 성자 하나님과 성령 하나님을 보내셨습니다.

성부 하나님은 구원의 계획을 이루기 위해 예수님(성자 하나님)을 세상에 보내셨습니다. 예수님은 요한복음 5-8장과 성경 곳곳에서 오직 자기를 보내신 아버지(성부 하나님)의 뜻대로 일한다고 여러 차례 말씀하십니다. 또 성부 하나님은 예수님을 통해 진리의 영이신 성령 하나님을 보내신다고 말씀하십니다(요한복음 14:16, 26; 15:26).

두 번째로 예수님(성자 하나님)은 성령 하나님을 보내시고, 제자들을 보내십니다. 예수님은 제자들에게 성령 하나님을 보내 주실 것을 약속하셨습니다(요한복음 15:26; 16:7-15). 그리고 예수님은 부활 후 제자들에게 나타나셔서 "아버지께서 나를 보내신 것같이 나도 너희를 보낸다"라고 말씀하셨습니다(요한복음 20:21).

마지막으로 성령 하나님은 예수님(성자 하나님)을 보내셨습니다. 예수님은 성령과 함께, 성령의 권능으로 보내심을 받았습니다(누가복음 4:18-19). 예수님이 보여 주신 모든 능력은 성령 하나님의 채우심과 인도하심에 의한 것이었습니다. 예수님이 부활하실 때도 성령 하나님의 도우심을 받으셨지요(로마서 1:4). 더불어 성령 하나님은 사도들을 보내십니다. 안디옥에서 최초의 선교사들을 선택해 파송하신 분이 바로 성령 하나님이셨고(사도행전 13:1-4), 사도들이 가야 할 길을 친히 인도해 주시고, 때로는 가지 못하게 막으시는 분도 성령 하나님이셨습니다(사도행전 16:6-7). 오직 성부 하나님만이 유일하게 보냄을 받지 않으시고 보내시는 분이랍니다.

이처럼 선교에서 보내는 것은 하나님의 생명에 참여하는 것입니다. 하나님 자녀들의 선교는 세상을 구원하고, 진리의 말씀을 전하기 위해 서로 보내고 보냄을 받으시는 성부 하나님, 성자 하나님, 성령 하나님의 관계 속으로 초대되어 참여하는 것입니다.

사도들

'사도'라는 단어는 '보냄받은 자'라는 뜻입니다. 예수님이 직접 불러 모으신 열두 명의 제자는 '사도'의 역할을 담당해야 했습니다. 그들은 예수님과 함께 살면서 예수님이 누구신지 배우고, 자신들이 해야 할 일을 배웠습니다. 그리고 예수님이 삶으로 가르쳐 주신 진리와 그들의 눈으로 직접 보고 들은 예수님의 죽음과 부활을 증언하는 증인이 되었습니다. 사도들은 예수님의 보내심을 받았기 때문에, 그들이 말하고 행동하는 것은 곧 그들을 보내신 예수님이 말씀하시고 행동하시는 것과 같았지요.

부활하신 그리스도와 특별한 만남을 가졌던 사도 바울도 복음을 전하기 위해 병을 고치고 귀신을 쫓아내는 능력을 그리스도로부터 받았다고 말합니다. 바울의 인생은 모든 민족에게 하나님 나라의 좋은 소식을 전하는 '보냄받은 자'의 삶으로 채워졌습니다.

열두 명의 사도와 사도 바울 외에도 초대교회에는 사도로 묘사되는 수많은 사람이 있었습니다. 그들은 다양한 역할을 하도록 보냄받았습니다. 그들 중에는 안디옥 교회에서 선교사로 파송된 바나바, 돈 관리를 맡았던 디도와 에바브로디도, 이방인의 모든 교회를 섬겼던 브리스길라와 아굴라 부부, 여러 곳을 돌아다니며 복음을 전하고 가르쳤던 안드로니고와 유니아 부부가 있었습니다.

선교사를 보내고 후원하는 교회

신약 성경은 다양한 역할로 활동했던 사도들뿐 아니라 선교사를 보내고 후원하는 교회들에 대해서도 말하고 있습니다. 오늘날 튀르키예에 속하는 안디옥 교회는 다양한 신분과 출신의 사람들이 화합하고, 바울과 바나바에게 가르침을 잘 받아서 북서 지역 선교의 중심지가 되었습니다. 또한 바울이 복음 안에서 친밀한 관계라고 말했던 빌립보 교회는 바울의 선교 사역을 재정적으로 돕고 후원하는 중심지 역할을 했습니다.

또 선교사를 보내고 후원하는 교회로, 요한에게서 요한3서를 받은 교회가 있습니다. 요한은 이 교회가 복음의 진리를 믿으며 그 진리를 실천하고, 그리스도의 이름으로 오고 간 사람들의 선교를 사랑으로 후원했다고 칭찬하고 있습니다(요한3서 3-4절).

요한은 선교사들을 보낼 때 하나님이 기뻐하시는 방식으로 필요한 것을 준비해 주고, 예수님을 대접하듯 섬기라고 권면합니다.

> 그러므로 우리가 그들을 도와야만 합니다. 우리가 직접 전도 여행을 떠날 수는 없지만, 그들을 도우면서 우리 역시 진리를 위해 함께 일하는 사람이 되는 것입니다. (요한3서 8절)

교회 공동체가 그리스도의 이름으로 보냄받은 사람들을 후원하는 것은, 복음 안에서 서로를 섬기고 사랑하며 복음에 순종하는 것입니다. 이 모습을 통해 하나님이 감사와 영광을 받으실 것입니다. 선교사들이 진리를 위해 앞서 일할 때 후원자들은 뒤에서 헌금만 하고 그치는 것이 아닙니다. 보내는 후원자와 보냄받은 선교사 모두가 진리를 위해 함께 수고하는 것이지요. 보냄받은 사람들에 대해서는 이렇게 말합니다. 선교사들은 그리스도의 이름을 위하여 세상에 나가는 것이라고요. 그리스도의 권위를 가지고, 그리스도의 임재와 함께, 그리스도의 영광을 위하여!

* * *

성경의 하나님은 보내시는 하나님입니다. 보내시는 하나님의 오랜 이야기는 그 보냄받으신 목적을 완전하게 이루신 예수님에게서 절정을 이룹니다. 그 후 예수님이 다시 오실 때까지, 예수님의 제자인 우리는 그분의 이름으로 좋은 소식을 전하기 위해 세상에 보냄을 받습니다. 교회는 오직 그리스도의 이름과 복음의 진리를 위해, 보내고 보냄받고 후원하면서 함께 일하는 공동체가 되어야 합니다.

함께 생각해 보아요

1. 로마서 10장 13-15절을 읽고, 사람들이 예수님의 이름을 부르기 위해서는 어떤 과정들이 있어야 하는지 이야기해 보아요.

2. "그러므로 우리가 그들을 도와야만 합니다. 우리가 직접 전도 여행을 떠날 수는 없지만, 그들을 도우면서 우리 역시 진리를 위해 함께 일하는 사람이 되는 것입니다"(요한3서 8절). 우리가 그리스도의 이름으로 보냄받은 사람들을 돕는 이유는 무엇일까요?

3. 성현이는 영진이와 다툰 후 빨리 사과하고 싶었습니다. 수소문 끝에 영진이를 만나기 위해 태어나서 처음으로 교회라는 곳을 가게 되었지요. 성현이는 얼떨결에 예배를 드리게 되었는데, 하나님의 말씀을 들으니 하나님에 대해 더 알고 싶어졌습니다. 이후 성현이는 계속 교회에 다니며 예수님을 구주로 믿게 되었습니다. 성현이는 곧 부모님을 전도했고, 동생들을 포함한 모든 가족이 교회에 나와 하나님을 예배하게 되었습니다. 우리가 들은 복음은 하나님의 특별한 계획 가운데, 하나님이 보내신 사람을 통해 듣게 된 것입니다. 누구를 통해 처음으로 복음을 듣게 되었는지 서로 나누어 봅시다.

4. 성민이는 원하는 중학교에 배정받지 못했습니다. 친한 친구들 모두 다른 학교로 진학하게 되어 속상했어요. 그런데 학교 임시 소집일에 자신처럼 친구들과 떨어져 의기소침해하는 학생을 만나 인사를 나누고 곧바로 친구가 되었습니다. 또 평소에 전도하고 싶었던 친구가 같은 학교에 배정받았다는 사실도 뒤늦게 알게 되었지요. 이제 성민이는 하나님이 왜 자신을 이 학교로 보내셨는지 조금은 알 것 같다고 말합니다. 지금 내가 다니고 있는 학교(혹은 반), 내가 태어난 가정이 하나님이 날 보내신 곳이라고 생각한 적이 있나요?

우리가 예수님을 믿도록 ○○○를 보내 주셔서 감사합니다. 우리를 이곳에 보내신 분이 하나님이심을 믿으며 우리를 향해 선한 계획을 품으신 하나님을 신뢰합니다. 예수 그리스도의 이름으로 세상에 나간 선교사님들을 위해 기도하고 후원하면서 진리를 위해 함께 일하는 기쁨과 영광을 누리길 원해요.

l 하나님 자녀들의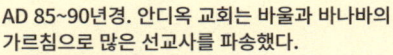

12장

말씀대로 일상을 사는 우리

대부분의 그리스도인은
일주일 중 하루만 교회에 가서 예배드리고,
나머지 6일은 일하고, 학교에 다니며,
사람들과 어울려 사회생활을 합니다.
우리 인생의 시간표에서
많은 부분을 차지하는 일상적인 생활이
과연 하나님을 예배하고, 복음을 전하는
선교가 될 수 있을까요?

하나님과 일상

하나님은 우리의 일상에 관심을 가지실까요? 어쩌면 하나님이 전도, 선교, 교회와 관련된 일에는 관심이 있으시지만, 우리가 많은 시간을 보내는 가정과 학교생활, 친구 관계 등의 일상에는 관심이 없으실 거라 생각할 수 있습니다. 하지만 우리의 예상과 달리 하나님은 우리의 일상에 큰 관심을 가지고 계십니다.

첫째, 하나님은 일상을 창조하셨습니다.

창세기 1-2장에는 하나님이 처음 세상을 만드실 때 생각하시고 계획대로 실행하신 뒤 보기에 좋다고 평가하시는 모습이 나옵니다. 여기서 우리는 일하시는 하나님의 모습을 볼 수 있습니다. 우리도 하나님의 모습을 닮도록 지음받았기 때문에 일하는 것은 우리의 자연스러운 모습입니다. 하나님이 사람에게 맡기신 창조세계를 돌보는 일은 하나님께 영광을 돌리는 위대한 창조 목적에 참여하는 것입니다. 비록 우리의 죄로 인해 창조세계가 신음하고 악한 일들이 끊이지 않지만, 우리가 주어진 일을 묵묵히 해 나가는 일상은 하나님의 기쁨이 되고, 하나님을 영화롭게 합니다. 그러니 일은 그 자체로 중요합니다.

둘째, 하나님은 일상을 지켜보십니다.

구약 시대에 있던 '성문'은 모든 도시나 마을에 있는 광장으로, 사람들이 오가며 만나고, 장사하고, 마을의 중요한 일을 결정하는 등 여러 일이 일어나는 장소입니다. 우리가 대부분 시간을 보내는 일상이라고 말할 수 있죠. 구약의 선지자 아모스는 이 '성문'에서 일어나는 일에 하나님이 큰 관심을 가지신다고 말합니다(아모스 5:12-15). 하나님은 우리의 일상에서 일어나는 모든 일을 관심 있게 지켜보시는 감독관이십니다. 특별히 하나님은 일상에서 정직하고 정의롭게 살기 원하십니다. 모든 일상을 보고 들으시는 하나님 앞에서 감출 수 있는 비밀은 하나도 없습니다. 일상에서 벌어지는 부정과 탐욕스러운 마음, 악한 생각도 모두 지켜보십니다.

셋째, 하나님은 일상을 다스리십니다.

사람은 자신의 선택과 행동에 대한 책임이 있습니다. 하지만 최종 결과와 운명을 통제하고 결정하시는 분은 하나님이십니다. 성경은 하나님이 이스라엘뿐 아니라 온 세상을 다스리신다고 말합니다. 구약 성경에서 하나님은 바빌론의 교만한 느부갓네살왕이 가난한 이들을 억압하며 악하게 다스리자 그의 왕권을 거두어 가셨고, 느부갓네살이 하나님의 주권을 인정하고 겸손해지자 다시 왕권을 회복시켜 주셨습니다. 우리의 일상도 하나님의 다스림을 받고 있습니다. 우리가 일상에서 하나님의 다스림을 인정하고 경험할 때, 일상을 사는 우리의 선택과 행동은 달라질 수 있습니다.

넷째, 하나님은 일상을 구속하십니다.

하나님은 일상을 창조하셨을 뿐 아니라 죄와 탐욕, 불의, 폭력으로 얼룩진 일상의 타락을 모두 회복시키기 원하십니다. 문화와 언어, 예술, 과학, 상업, 스포츠 등 우리의 모든 일상에서 죄로 오염된 부분이 하나님으로 말미암아 깨끗하게 될 것입니다. 우리의 일상이 버려지거나 없어지는 것이 아니라 회복되고 새롭게 되는 것이죠. 그러므로 우리는 일상을 아무렇게나 살지 않고, 하나님이 회복시켜 주실 것에 대한 소망을 품고 살 수 있습니다. 따라서 우리는 "여러분이 하는 모든 일에 최선을 다하며, 사람을 위해서가 아니라 주님을 위해 하듯이 열심히 일하십시오"(골로새서 3:23)라는 사도 바울의 말을 진심으로 따를 수 있답니다.

일상 속에 선교적으로 참여하기

다리오는 총독 백이십 명을 세워 나라 전체를 다스리게 하는 것이 좋겠다고 생각했습니다. 그는 또 그들 위에 총리 세 명을 세웠는데, 다니엘도 그 가운데 한 사람이었습니다. 왕이 그들을 세운 이유는 나라를 다스리는 데 어려움이 없도록 하기 위함이었습니다. 다니엘은 다른 총리나 총독들보다 더 뛰어났기 때문에 왕은 그에게 나라 전체를 맡기려 했습니다. 그러자 다른 총리와 총독들이 다니엘을 고소하려고 그의 잘못을 찾으려 했지만, 그가 충성스럽게 나라 일을 잘 맡아 처리했으므로 아무런 잘못이나 흠을 찾을 수 없었습니다. (다니엘 6:1-4)

성경은 우리의 일상이 곧 하나님의 선교가 되는 지혜를 가르쳐 줍니다. 바빌론 포로로 끌려간 다니엘은 자신이 선택하지는 않았지만, 하나님이 자신을 그 자리에 두셨다는 것을 인정했습니다. 다니엘과 친구들은 십 대의 어린 나이에 바빌론으로 잡혀갔지만 열심히 공부했고, 모범적인 시민이 되어 왕의 인정을 받을 정도로 주위 사람들에게 많은 유익을 끼쳤습니다. 이후 총리가 된 다니엘은 충성스럽고 거짓 없이 일했고, 그것은 하나님께 올려 드리는 다니엘의 예배였습니다. 다니엘은 예레미야가 바빌론 포로들에게 쓴 편지에서처럼 바빌론 나라와 왕들을 위해 기도했을 것입니다.

"그리고 내가 너희를 쫓아 보낸 그 성에 평안이 임하도록 기도하고 너희가 살고 있는 성을 위해 여호와께 기도하여라. 그 성이 평안해야 너희도 평안할 것이다." (예레미야 29:7)

또한 느부갓네살이 왕위에서 쫓겨날 것을 알게 된 다니엘은, 기도에서 우러나온 진심으로 왕에게 찾아가 그 사실을 말하며 조언해 줄 수 있었습니다.

다니엘처럼 우리도 맡은 일에 최선을 다하며 일상에서 하나님을 예배할 수 있습니다. 부모님은 직장을 다니고, 자녀들을 돌보고, 집안 살림을 하면서 맡겨진 일을 충실하게 수행합니다. 학생이라면 공부나 운동 등 주어진 학교생활에 적극적으로 참여할 수 있습니다. 자신이 있는 곳에서 해야 할 일에 최선을 다함으로써 다른 사람에게 유익을 끼치는 일상이 바로 선교가 되는 것입니다. 그뿐 아니라 우리나라의 대통령을 포함한 정치인들을 위해 기도하는 것도 하나님이 기뻐하시는 일입니다. 학교에 다니고 있다면, 선생님들과 행정실, 급식실 등에서 수고하시는 분들을 위해 기도할 수도 있을 것입니다. 더 나아가 우리가 사는 지역을 위해 봉사 활동을 하거나 어려운 이웃을 도우며 살다 보면, 자연스럽게 하나님을 증거할 수 있는 선교의 기회가 열리기도 할 것입니다.

선교적인 일상의 어려움

서연이는 같은 반 친구들이 한 친구를 이유 없이 욕하며 따돌릴 때, 따돌림당하는 친구의 편이 되어 주었습니다. 그러나 그 일로 다른 친구들에게 미움을 사서 오히려 따돌림을 당하게 되었습니다. 이렇듯 일상에서 예수님의 마음을 따라 살다 보면 예상치 못한 어려움을 겪을 수도 있습니다.

우리는 거룩하신 하나님을 본받아 세상과 다르게 살도록 부름을 받았습니다. 학교에서 친구들이 욕을 쓰며 다른 친구를 따돌릴 때, 예수님을 믿는 친구도 똑같이 행동한다면 우리는 세상과 다르다고 할 수 없을 것입니다. 예수님이 말씀하신 '소금'과 '빛'(마태복음 5:13-16)은 일상이 선교가 될 수 있다는 사실을 가르쳐 줍니다. 생선이 썩고 있다면 생선을 탓하기보다 부패를 막는 소금을 빨리 찾아야 하는 것처럼, 우리의 일상이 부패하고 어두워진다면 일상을 깨끗하게 하고 어두움을 몰아낼 '소금'과 '빛', 즉 진실한 그리스도인들이 필요한 것입니다.

'진실하다'는 것은 우리의 말과 행동이, 우리가 학교에 있을 때의 모습과 교회에 있을 때의 모습이, 우리가 믿는 것과 실천하는 것이 다르지 않다는 것을 말합니다. 이 둘 사이에서 때로는 양심에 갈등이 생기기도 하고, 다른 사람과의 불편한 관계를 감수해야 할 때도 있을 거예요. 하지만 일상에서 소금과 빛의 역할을 하기 위해서는 결코 피할 수 없는 싸움입니다.

> 우리는 우리가 하나님께 속하였음을 분명히 알고 있지만 이 세상은 악한 자가 지배하고 있습니다. 하나님의 아들이 오셔서 우리에게 깨달을 수 있는 능력을 주셨기에, 이제 우리는 진리이신 하나님을 알 수 있게 되었습니다. 우리의 생명은 참되신 하나님, 곧 그분의 아들 예수 그리스도 안에 있습니다. 그는 참 하나님이시며 영원한 생명이십니다. 그러므로 사랑하는 자녀 여러분, 여러분 자신을 우상으로부터 멀리하도록 지키십시오. (요한1서 5:19-21)

우리는 우상숭배에 저항하도록 부름을 받습니다. 우리는 하나님이 만드시고 하나님이 다스리시는 세상에서 살고 있어요. 그러나 이 세상은 타락한 인간과 사탄이 하나님께 반역하고, 그의 백성들을 넘어뜨리기 위해 호시탐탐 기회를 노리고 있는 곳입니다. 세상은 우리를 하나님의 사랑에서 떼어놓고 우상숭배에 빠지게 합니다. 우상이라고 하면 돌이나 나무로 만든 큰 조각상을 떠올리기 쉽지만, 알고 보면 일상에서 접하는 우상이 많습니다. 미디어, 게임, 돈, 성적, 친구, 외모 등 우리의 생각과 마음의 중심에 하나님보다 더 크게 자리 잡고 있는 것이 바로 우상이지요. 우리는 가정, 학교, 사회 등 일상이 세상의 문화에 많은 영향을 받고 있다는 것을 다시금 깨닫고, 십자가의 능력으로 우상숭배에 맞서야 합니다.

* * *

우리가 매일 하는 일이 중요한 까닭은 그 일이 하나님께 중요하기 때문입니다. 우리가 일상 가운데 다른 사람들에게 도움을 주고, 창조세계를 돌보는 일에 기여한다면, 그 일은 선교의 한 부분이 될 것입니다. 우상숭배가 가득한 이 땅에서 오늘도 하나님 말씀대로 살고자 애쓰며 일상을 살아가는 우리는 모두 하나님의 선교에 함께하는 선교사입니다.

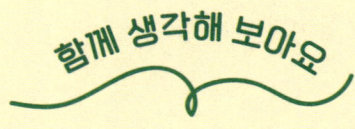 

1. 우리는 매일 가정과 학교, 친구 관계에서 선택하고 행동하며, 그 결과에 대해 책임을 지는 삶을 살고 있습니다. 놀랍게도 성경은 하나님이 우리의 일상에 관심을 갖고 계시며 일상을 지켜보시고 다스리신다고 말합니다. 우리가 일상에서 하나님의 다스림을 인정하고 경험할 때 우리의 선택과 행동은 어떻게 달라질까요?

2. 학교와 교회에서 우리의 모습은 차이가 있나요? 차이가 있다면 어떤 점이 있는지 생각해 보아요.

3. 우상숭배는 단순히 돌이나 나무, 금속으로 만든 형상에 절하고 섬기는 것만이 아닙니다. 하나님을 사랑하는 데서 떼어놓는 것, 세상을 사랑하는 탐욕이 우상숭배입니다(골로새서 3:5). 우리의 일상에서 세상을 사랑하는 탐욕이 차지하고 있는 부분은 무엇일까요?

4. 『하나님의 임재 연습』(The Practice of the Presence of God, 브니엘, 2012)에 나오는 수도사 로렌스 형제는 수도원 부엌에서 허드렛일을 하고, 신발을 수선하는 등 힘든 일을 했습니다. 그러면서도 하나님을 사랑하는 마음으로 맡은 일을 잘하도록 하나님께 은혜를 구하고, 자신을 인도하시는 하나님께 감사했습니다. "거기에는 무슨 거창한 일을 해야 할 필요도 없습니다. 저는 하나님을 사랑하는 마음으로 프라이팬에서 오믈렛을 뒤집습니다. 그리고 이 요리를 마무리한 뒤에, 다른 할 일이 없을 때, 땅바닥에 꿇어 엎드려 요리를 무사히 끝낼 수 있도록 은혜를 베풀어 주신 하나님을 찬양하지요"(pp. 188-189).

수도원의 작은 주방에서 일하던 로렌스의 삶은 같이 일하는 다른 형제들에게 감동을 주었습니다. 로렌스에 대한 소문이 퍼지면서 수도원으로 로렌스를 만나러 오는 사람들이 생기고, 그의 삶을 지켜본 사람들에 의해 책까지 출간되었지요. 그리고 이 책에 담긴 그의 삶은 지금까지도 많은 사람에게 감명을 주고 있습니다. 이렇게 일상이 선교가 될 수 있다는 말은 우리에게 어떤 도전과 위로를 주는지 함께 나누어 보아요.

우리의 일상을 바라보시고, 다스리시며, 회복해 가시는 하나님을 찬양합니다. 하나님이 우리를 늘 지켜보시고 응원해 주신다는 사실이 큰 힘이 되어요. 오늘도 우리에게 맡겨 주신 일을 정직하고 성실하게 해냄으로써 하나님께 영광을 돌리는 자녀 되기를 원합니다.

하나님 자녀들의 TALK

13장

찬송하고 기도하는 우리

바울과 실라는 복음을 전하다가
심하게 매를 맞고, 깊은 감옥에 갇혔습니다.
한밤중에 그들은 큰 소리로 기도하고 하나님을 찬송했습니다.
함께 갇혀 있던 죄수들도
바울과 실라의 기도와 찬송 소리를 들었지요.
그때 큰 지진으로 감옥 문이 열리는 기적이 일어났고,
두려워하던 간수장과 그의 가족은 예수님을 믿어
구원을 받았습니다.

지금까지 우리는 성경 속에서 '하나님 자녀들의 선교는 무엇인가? 우리는 누구이며 무엇을 위해 여기 있는가?'라는 질문의 답을 함께 찾아보았습니다. 그렇다면 선교의 최종 목표는 무엇일까요?

바로 온 세상 사람들이 살아 계시고 유일하신 참 하나님을 예배하고 그분께 영광을 돌리는 것입니다. 그래서 사람들이 하나님과 사랑의 관계를 회복하고, 그 안에서 최고의 기쁨을 발견하도록 이끄는 것입니다. 그런데 한편으로는 하나님을 찬송하고 그분께 기도드리는 예배가 선교의 방법이 되기도 합니다. 어떻게 찬송과 기도로 선교에 참여할 수 있을까요?

선교적 찬송

"내 이름으로 불리는 모든 백성을 내게로 인도하여라. 내가 내 영광을 위해 그들을 지었다. 내가 그들을 창조하였다.…이들은 내가 나를 위하여 지은 백성이다. 그들이 나를 찬양할 것이다." (이사야 43:7, 21)

첫째, 우리는 하나님을 찬송하기 위해 지음받았습니다.

구약의 이스라엘은 하나님이 아브라함에게 약속하신 대로 모든 민족이 복을 받게 하려고 구별하신 나라입니다. 그런데 성경은 이스라엘이 창조된 또 다른 목적이 있다고 말합니다. 위에 나오는 이사야서 말씀처럼 하나님은 자신의 영광을 위해, 자신을 찬송하도록 이스라엘을 창조했다고 말씀하십니다.

오늘날 예수님 안에서 이스라엘 백성과 한 가족이 된 우리는, 하나님이 이스라엘을 창조하고 구별하신 목적도 똑같이 물려받았습니다. 그 목적은 앞서 말한 대로, 하나님의 위대한 구원과 그분이 베풀어 주신 사랑을 찬송하는 것입니다.

하나님의 백성은 하나님을 사랑하고 찬송할 때 가장 큰 기쁨과 행복을 누릴 수 있습니다. 그리고 하나님을 진심으로 찬송하는 마음이 깊어질수록 세상 사람들에 관한 관심이 커져 갑니다. 그래서 우리 자신뿐 아니라 온 세상이 하나님을 찬양하고 하나님께 영광을 올려 드리도록 이끄는 역할도 하게 됩니다.

둘째, 우리는 찬송을 통해 하나님을 증거합니다.

수민이는 예배를 드리며 찬양하는 것을 참 좋아합니다. 자신을 구원하신 하나님의 은혜를 찬양으로 고백할 때 기쁜 마음이 차오릅니다. 하지만 때로는 적극적으로 전도하지 못하는 자신이 못마땅할 때가 있어요. 그런데 최근에 시편 말씀을 읽으면서 찬양을 통해서도 하나님을 전할 수 있다는 사실을 알게 되었습니다.

새 노래로 여호와께 노래하십시오. 온 땅이여, 여호와께 노래하십시오. 여호와께 노래하고 그분의 이름을 찬양하십시오. 날마다 그분의 구원을 선포하십시오. 세상 모든 나라들에게 그분의 영광을 선언하고, 모든 민족들에게 그가 행하신 놀라운 일들을 전하십시오. (시편 96:1-3)

시편 기자는 하나님의 이름과 구원과 영광에 관해 이스라엘이 부르는 노래는, 아직 어두운 곳에서 하나님의 빛을 만나지 못한 모든 민족에게 하나님의 자비와 능력을 알리는 새 노래가 될 것이라고 말합니다. 구약 시대 이스라엘이 하나님을 찬양하며 드리는 예배는 세상 사람들에게 하나님을 증거하는 역할을 했습니다. 이게 어떻게 가능했느냐고요?

예루살렘은 솔로몬 시대부터 국제적인 도시였습니다. 그래서 주변의 많은 사람이 예루살렘을 오갔지요. 사람들은 성전을 방문하면서 하나님을 예배하는 장면을 보았을 것입니다. 오늘날 관광객들이 유명한 국제도시를 방문했을 때 누구나 한번쯤 유서 깊은 교회에 가 보는 것처럼 말이에요.

또한 이스라엘이 바빌론에 잡혀가 여러 나라로 흩어져 살게 되었을 때도 이들의 믿음과 예배, 성경은 다른 나라 사람들의 관심을 끌었습니다. 신약 시대에도 유대인들이 예배드리던 '회당'은 하나님을 알고 싶어 하는 많은 이방 사람에게 복음을 전하는 장소가 되기도 했습니다.

이처럼 기쁘게 하나님을 찬양하는 우리의 예배를 보고, 하나님을 모르던 사람들이 하나님께 나아와 새 노래로 함께 찬양할 수 있습니다. 우리가 하나님의 구원과 위대함을 찬양으로 고백할 때, 아직 어둠 가운데 있어 하나님의 빛을 알지 못하는 사람들에게 빛이신 하나님의 사랑과 능력을 전할 수 있습니다.

선교적 기도

민준이는 학교 급식 시간에 밥을 먹기 전에 늘 하던 대로 기도를 했습니다. 그 모습을 지켜보던 맞은편 친구가 호기심을 보였습니다. 민준이는 그 친구에게 하나님께 식전에 감사 기도를 드린 거라 말하며 자연스럽게 하나님을 소개했습니다. 실제로 성경에도 기도가 하나님을 알리고, 사람들을 축복할 수 있다는 말씀이 많이 나옵니다. 성경에 나오는 선교적 기도에 대해 한번 알아볼까요?

첫째, 기도는 온 세상에 하나님을 보여 줍니다.

이스라엘이 드리는 예배는 세상 사람들에게 호기심을 불러일으켰습니다(신명기 4:6-8). 그들의 기도 생활은 하나님이 그들과 가까이 계심을 나타내는 증거였습니다. 하나님의 백성이 기도를 통해 하나님과 대화하고 도움을 구하며 하나님의 뜻을 따른다면, 하나님을 모르는 사람도 창조주 하나님이 살아 계심을 볼 수 있지요.

둘째, 기도는 세상 사람들을 축복합니다.

솔로몬왕은 성전을 봉헌하며 기도할 때, 이방인들이 스스로 하나님께 기도할 수 있게 해 달라고 요청했습니다. 그리고 하나님의 이름을 위해 그들에게 응답해 달라고 기도했습니다.

선지자 예레미야도 이스라엘이 바빌론 포로로 잡혀 있을 때 바빌론을 위해 기도하라고 편지를 썼습니다. 원수를 위해 기도하라는 것이었지요! 하나님은 이방인을 축복하는 솔로몬과 예레미야의 기도를 들으시고, 자기의 영광을 위해서 그리고 기도하는 사람과 기도를 받는 사람 모두의 평안을 위해서 그 기도에 응답하시는 분입니다.

셋째, 기도는 세상 속에서 하나님만을 높입니다.

다니엘은 기도의 사람으로 잘 알려져 있습니다. 페르시아 제국의 관리였던 다니엘은 페르시아 왕이 아닌 다른 신에게 기도하지 말라는 왕의 명령을 받게 됩니다. 하지만 다니엘은 그 명령에 순종할 수 없었습니다. 다니엘은 늘 하던 대로 창문을 열고 살아 계신 한 분 하나님께 기도하는 것을 멈추지 않았습니다. 페르시아 제국의 왕은 참된 신이 아니라는 것을 알았기 때문입니다. 기도하는 것은 이 세상의 모든 통치자보다 더 높은 하나님의 보좌가 있다고 말하는 것입니다.

넷째, 기도는 악한 영과의 싸움에서 승리하게 합니다.

성경은 어둠의 세력을 물리치시는 하나님이 그리스도의 십자가에서 완전한 승리를 거두시고, 마지막 날에 그 세력을 몽땅 없애 버리시는 위대한 전쟁 이야기입니다. 기도는 승리가 보장된 하나님의 전쟁에 참여하는 것입니다. 전쟁 영화를 보면 군인들이 무전기로 지휘관과 끊임없이 소통하며 작전을 수행합니다. 이처럼 하나님과 긴밀하게 소통하는 기도가 하나님의 싸움에 참여하는 우리의 가장 효과적인 무기랍니다.

예수님의 기도, 제자들의 기도

이 땅에 오신 예수님은 성자 하나님입니다. 그분은 완전한 하나님이지만 동시에 완전한 인간으로서 성부 하나님께 늘 기도하셨습니다.

광야에서 시험받으실 때도, 열두 제자를 선택하실 때도, 십자가에 달리시기 직전에도 예수님은 언제나 기도하셨습니다. 또한 예수님은 제자들에게 기도하는 법을 가르치셨고, 특히 목자 없는 양같이 행하는 이스라엘 백성을 불쌍히 여기시며 그들을 돌볼 많은 일꾼을 보내주시길 기도하라고 제자들에게 당부하셨습니다. 예수님은 이 땅에 계시는 동안, 어느 때든 기도하지 않으신 적이 없었습니다.

부활하신 예수님이 승천하신 후, 제자들은 예루살렘으로 돌아와 가장 먼저 다락방에 모여 기도했습니다. 제자들은 땅끝까지 증인이 되라고 말씀하신 예수님을 기억하며 기도하고 하나님의 도우심을 구했습니다. 제자들의 공동체였던 교회가 어려움을 겪었을 때도 기도했고, 전도가 필요할 때도 기도했습니다.

이방인에게 복음을 많이 전했던 바울도 늘 기도했습니다. 바울은 하나님의 선교를 이루는 데 기도의 능력이 중요하다는 것을 잘 알고 있었습니다. 그래서 어려운 상황에서 복음을 전할 때마다 꼭 성도들에게 기도를 부탁했습니다. 창세기의 소돔을 위한 아브라함의 기도에서부터 요한계시록에 나오는 순교자들의 기도에 이르기까지, 기도는 성경 전체 이야기를 따라가며 하나님의 능력, 복음의 능력과 힘을 합쳐 하나님의 선교를 이루어 갑니다.

* * *

찬송과 기도는 우리의 삶에서 빼놓을 수 없는 하나님을 향한 태도이자 세상과 구별되는 하나님 자녀들의 모습입니다. 우리가 창조되고 구속받은 이유는 찬송과 기도로 위대하신 하나님을 예배하기 위함입니다. 나아가 찬송과 기도를 통해 우리 마음에 하나님을 향한 감사와 사랑이 넘쳐 살아 계신 하나님을 증거하고, 다른 사람들도 하나님을 예배하도록 이끄는 것이 우리의 역할입니다. 이렇듯 찬송과 기도를 통해 우리는 하나님의 선교에 참여하는 기쁨을 맛볼 수 있습니다!

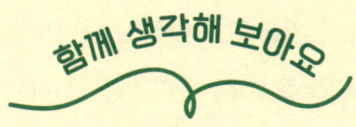 

1. 시편 96편은 성경 전체에서 가장 선교적인 노래 중 하나로 꼽힙니다. 시편 기자는 "여호와께 노래하라"라고 반복해서 말합니다. 이렇게 여호와를 노래해야 하는 이유는 무엇일까요? 시편 96편을 읽고 함께 이야기해 보아요.

2. 기도는 우리의 삶에서 빼놓을 수 없는 하나님을 향한 태도이자 세상과 구별되는 하나님 백성의 모습입니다. 기도는 하나님과 이야기하는 것이라고 표현하기도 합니다. 그렇다면 평소 하나님과 이야기하는 자신만의 방법은 어떤 것이 있는지 나누어 볼까요?

3. 우리의 기도가 단지 소원을 말하는 것을 넘어 하나님의 선교를 이룰 수 있는 것이라면, 우리는 어떻게 기도해야 할까요? 우리의 기도 생활에서 바뀌어야 할 부분은 무엇이 있을까요?

4. 다인이는 매주 목요일 점심시간마다 밥을 빨리 먹고 음악실로 달려갑니다. 예수님을 믿는 친구들이 점심시간을 쪼개어 찬양과 기도를 드리는 모임에 참석하기 위해서예요. 같은 반 은주도 그 모임을 알고 있었지만 학원 숙제를 하거나 모자란 잠을 자려고 모임에 가지 않았습니다.

그런데 어느 목요일 점심시간에 다인이를 찾으시는 담임선생님의 심부름으로 음악실에 간 은주는 순간 발걸음을 멈추게 되었습니다. 어느새 음악실 밖으로 흘러나오는 신나는 찬양 소리를 따라 흥얼거리는 자신의 모습을 발견한 것입니다. 찬양에 이어 친구들의 기도 소리가 들리자, 은주는 마음이 뜨거워지면서 다음 주 목요일에는 다인이와 같이 모임에 가 보고 싶은 마음이 생겼습니다. 우리는 기쁘게 하나님을 찬양하고 기도하는 사람들을 보고 은주처럼 하나님께로 이끌린 적이 있었나요?

우리가 하나님을 찬양하기 위해 지음받고 구원받았음을 고백합니다. 날마다 새로운 하나님의 은혜에 감사함으로 하나님께 찬양과 예배를 드릴 때, 최고의 기쁨을 발견하게 해 주세요. 가장 높은 보좌에 앉으신 하나님께 기도하며 하나님과 대화하고, 하나님의 뜻에 따르길 원합니다. 우리의 찬양과 기도를 통해 모든 민족이 살아 계신 하나님을 만나고, 하나님을 예배하게 해 주세요.

마치며

"우리는 누구이며, 무엇을 위해 여기에 있는가?"

이 질문에 대한 답을 찾기 위해 우리는 성경을 두루 살펴보았습니다. 하나님이 만드신 창조세계 이야기부터 모든 민족의 복이 되는 아브라함, 이스라엘을 구원하기 위해 보내신 모세, 출애굽과 시내산의 사건, 이스라엘의 왕과 예언자, 예수님의 삶과 죽음 및 부활, 사도행전의 교회들, 예수님의 제자들의 편지, 마지막으로 예수님의 다시 오심으로 만물이 새롭게 될 소망을 담은 요한계시록까지. 창조부터 새 창조에 이르는 성경 전체 이야기는 우리가 반드시 알아야 할 이야기이며, 우리가 그 일부를 이루고 있는 이야기입니다.

선교는 이 원대한 이야기 안에서 하나님과 함께하는 것, 즉 하나님의 말씀을 잘 배우고, 하나님을 닮은 공동체가 되어 온 세상에 하나님의 뜻이 이루어지도록 살아가는 것입니다.

하나님이 사랑해서 선택하시고, 구속하시고, 하나님의 성품을 가르쳐 그리스도의 이름으로 세상에 보내신 우리는 모두 '하나님의 자녀들'입니다. 이 세상 속에 보냄을 받아 살아가는 우리가 창조세계를 정성껏 돌보고, 나라와 학교, 가정과 교회의 평안을 위해 기도하며 맡겨진 일과 학업을 정직하고 성실하게 해내는 것이 바로 '하나님 자녀들의 선교'입니다. 그렇게 사는 삶이야말로 창조세계 전체를 구속하시려는 하나님의 온전한 뜻을 알아, 세상 안에서 살지만 세상과 구별된 소금과 빛의 역할을 다하는 선교적 삶이기 때문입니다.

'하나님의 자녀들'은 살아 계신 한 분 하나님과 구세주 예수님에 관한 유일한 진리인 복음의 증인으로 부름받았습니다. 복음은 보배이고, 우리는 그 보배를 담은 질그릇일 뿐입니다. 우리는 복음을 증언하는 자신을 내세우지 않고, 복음의 진리와 그 영광만이 빛나도록 겸손하게 복음을 증거해야 합니다.

복음은 세상 가운데 널리 퍼져야 할 좋은 소식인 동시에, 삶으로 살아 내야 하는 좋은 소식입니다. 우리는 착한 일을 함으로써 구원을 받는 것이 아니라, 오직 예수 그리스도를 믿음으로써 구원을 받습니다. 그러나 그 믿음의 진실성은 순종으로 변화된 삶을 통해 드러나게 됩니다.

그렇다면 변화된 삶이란 무엇일까요? 평소 정직하지 못하고, 자기 욕심대로 행동하는 사람이 전하는 소식은 아무도 귀담아듣지 않겠지요. 변화된 삶에는 먼저, 죄에서 돌아서서 예수 그리스도의 십자가 앞에 죄를 고백하고 믿음으로 구원받는 은혜가 있어야 합니다. 그런 다음, 하나님이 우리에게 주신 은혜를 기억하며 하나님의 길을 따라 공의와 정의를 실천할 때, 우리는 비로소 삶으로 세상을 하나님께 이끄는 거룩한 공동체가 될 것입니다.

"선교는 예배가 존재하지 않기 때문에 존재한다."

존 파이퍼(John Piper) 목사님의 『열방을 향해 가라』(Let the Nations Be Glad!, 좋은씨앗) 맨 앞부분에 나오는 말입니다. 교회 공동체가 있는 이유는 영원히 하나님을 예배하고 즐거워함으로써 하나님을 영화롭게 하기 위함입니다. 그리고 살아 계신 하나님을 예배하지 않고, 하나님을 즐거워하지 않는 사람들을 교회 공동체 안으로 데려와 함께 예배하게 하기 위함이지요. 결국 선교하는 백성은 예배하는 백성입니다.

여기 주의 이름, 구원, 영광, 전능하심을 찬양하는 새 노래를 함께 부르자고 열방을 초청하는 노래가 있습니다. 이 노래를 부르며 새 창조를 향해 거룩한 여정을 떠나는 하나님 자녀들을 힘껏 응원합니다.

새 노래로 여호와께 노래하십시오. 온 땅이여, 여호와께 노래하십시오. 여호와께 노래하고 그분의 이름을 찬양하십시오. 날마다 그분의 구원을 선포하십시오. 세상 모든 나라들에게 그분의 영광을 선언하고, 모든 민족들에게 그가 행하신 놀라운 일들을 전하십시오. 여호와는 위대하시며 찬양받으실 분입니다. 그분은 모든 신들보다 더 높임 받으실 분입니다. 세상 모든 나라의 신들은 다 헛된 우상들입니다. 그러나 여호와는 하늘을 만드신 분이십니다. 주께는 찬란한 위엄이 있고 그분의 성소에는 능력과 아름다움이 있습니다. 온 땅의 나라들이여, 여호와께 영광과 능력을 돌리십시오. 여호와께 영광과 능력을 돌리십시오. 여호와의 이름에 알맞는 영광을 그에게 돌리며 예물을 들고 그분의 성전에 들어가십시오. 거룩한 광채로 옷 입으신 여호와를 경배하십시오. 온 땅이여, 주님을 경외하십시오. 온 세상에 전하십시오. "여호와는 왕이십니다." 이 세상이 굳게 서고 흔들리지 않을 것입니다. 주께서 모든 민족을 공평하게 심판하실 것입니다. 하늘이여, 기뻐하고 땅이여, 즐거워하여라. 바다와 그 안에 있는 모든 것들아, 높이 외쳐라. 밭과 그 안에 있는 모든 것들아, 기뻐 소리쳐라. 숲의 모든 나무들아, 즐거이 노래하여라. 여호와께서 오실 때, 그분이 이 세상을 심판하러 오실 때, 그들이 여호와 앞에서 노래할 것입니다. 주는 이 세상을 공평하게 심판하시고 진리로 민족들을 판단하실 것입니다. (시편 96편)

하나님 자녀들의 선교

초판 발행_ 2023년 5월 8일
초판 3쇄_ 2024년 7월 1일

원작_ 크리스토퍼 라이트
고쳐 엮은이_ 강남숙 박은정 상지영 이지성
펴낸이_ 정모세

펴낸곳_ 한국기독학생회출판부
등록번호_ 제2001-000198호(1978.6.1)
주소_ 04031 서울시 마포구 동교로 156-10
대표 전화_ (02)337-2257 팩스_ (02)337-2258
영업 전화_ (02)338-2282 팩스_ 080-915-1515
홈페이지_ http://www.ivp.co.kr 이메일_ ivp@ivp.co.kr
ISBN 978-89-328-2147-4

ⓒ 강남숙 박은정 상지영 이지성 2023

책값은 뒤표지에 있습니다.
무단 전재와 복제를 금합니다.